Bibliô Referências

O Seminário, livro 6: o desejo e sua interpretação, de Jacques Lacan (1958-59)

Mirta Zbrun (org.)

BIBLIÔ REFERÊNCIAS

O SEMINÁRIO, LIVRO 6: O DESEJO E SUA INTERPRETAÇÃO, DE

JACQUES LACAN (1958-59)

1ª Edição

K

KBR
Greenville
2016

Coleção Bibliô Especial - EBP

Organização **Mirta Zbrun**
Pesquisa e redação do texto **Mirta Zbrun**
Equipe **Clarisse Boechat, Lenita Bentes, Leonardo Scofield, Maria Aparecida Malveira, Maria Paula Legey, Patricia Paterson e Aline Bemfica**
Edição de texto **Noga Sklar**

Editoração **KBR**
Capa **ADC (authordesign.co)**

ISBN **978-1-944608-39-2 (Impresso)**
ISBN **978-1-944608-40-8 (Ebook)**

KBR Editora Digital Ltda.
www.kbrdigital.com.br
www.facebook.com/kbrdigital
atendimento@kbrdigital.com.br
55|24|2222.3491

PSY029000 - Psicologia - Referência

La femme a dans la peau un grain de fantaisie.

Désiré Viardot

SUMÁRIO

NOTA DA DIRETORIA

Compor bibliografias é uma vocação da psicanálise de orientação lacaniana, um trabalho que por vezes se transforma num gozo: uma vez que se começa, é difícil se deter. A tarefa é abismal, pela vastidão do tema a investigar e pelo fato de ser um trabalho a múltiplas mãos.

Este exemplar da série Bibliô foi pensando pelos colegas que nos antecederam na gestão, e é do desejo deles que nos servimos para levá-lo até sua execução material; e agradecemos à Noga Sklar por seu zelo editorial, sem o qual o livro não seria o mesmo.

Neste volume da coleção, o Bibliô Referências submerge nas águas turbulentas de *O Seminário, livro 6: O desejo e sua interpretação*, de Jacques Lacan (1958-59), e pesca com suas redes os tesouros que tornam sua leitura uma experiência indelével.

O trabalho de recenseamento das referências dos seminários e escritos de Lacan é um dos trabalhos fundamentais da Escola. Assim, a editora EBP e a rede de bibliotecas EBP convidam os leitores a mergulhar no trabalho de leitura.

Marcela Antelo
Diretora de Biblioteca da EBP

APRESENTAÇÃO

Poucos seminários de Jacques Lacan são tão eruditos e exuberantes quanto o *Seminário 6, O desejo e sua interpretação*. Para além dos textos psicanalíticos, é possível perceber uma nítida busca, em outros campos do saber, por elementos que traduzissem seu trabalho em desenvolvimento. Elementos pictóricos, literários, teatrais: seus olhos vasculhavam cada esquina, cada contorno do mundo que percorria com o desejo de encontrar o novo.

É impossível concluir a leitura desse seminário sem um novo olhar sobre *Hamlet, O Diabo Enamorado* ou *A douta ignorância*. Por ocasião do lançamento da edição brasileira do seminário 6, no momento em que dirigia para a Escola Brasileira de Psicanálise, surgiu a ideia de promover um recenseamento dessas referências para estimular o estudo do texto, tanto no ambiente psicanalítico quanto no ambiente universitário, ávido por textos que permitam a difusão do ensino de Lacan nas diversas graduações e pós-graduações por todo o Brasil.

O livro que agora chega às suas mãos é um trabalho meticuloso, feito por uma equipe capitaneada pela psicanalista Mirta Zbrun, e busca as diversas trilhas das citações que, aula por aula, Lacan abria para sua audiência. Cotejar o seminário com suas referências permite uma leitura em diversas camadas: é aqui que Lacan forja a trama da fantasia como janela para o mundo, prenunciando a autonomia do objeto "a" que, aos poucos, tomará todo o seu trabalho teórico dos anos seguintes.

A causa do desejo nunca é pura. Ela é sempre contaminada pelo gozo opaco, que resiste a tornar-se insígnia fálica. Neste sentido, a trama de *Hamlet* é uma verdadeira lição lacaniana *avant la lettre*. Sua *play scene*, o desvario de Ofélia ou a procrastinação do jovem príncipe parecem premonitórios da teoria lacaniana, nos mostrando como a obra universal nos ensina, bastando para isso estar de olhos bem abertos.

Eis uma nova janela para que o leitor descubra a riqueza da orientação lacaniana, não apenas como chave de leitura do inconsciente ou conexão com a subjetividade da época, mas igualmente como uma disciplina que busca a invenção do humano, como nos diz Harold Bloom em sua obra magistral sobre Shakespeare.

Desejo a todos uma boa leitura e um bom trabalho.

Marcelo Veras

Prefácio

Neste Bibliô Referências o leitor encontrará a pesquisa do Seminário, Livro 6: O desejo e sua interpretação, de Jacques Lacan, realizada por membros, correspondentes e cartelizantes da Escola Brasileira de Psicanálise (EBP) em 2014, uma iniciativa da Diretoria da EBP.

Na versão online, divulgada no *Boletim DR* (2014), os leitores tiveram acesso à pesquisa em sua forma "agalmática". Publica-se agora a versão completa e sistematizada dos 27 capítulos que compõem o *Seminário, Livro 6*, cujo original foi publicado por Éditions de la Martinière (Paris, 2013), e a versão em português do texto estabelecido por Jacques-Alain Miller, publicada em primeira edição pela Zahar em 2016.[1] Encontram-se aqui os nomes dos colegas envolvidos nesta pesquisa, proposta pela Diretoria da EBP e dirigida à Escola.

Cronologicamente anterior ao *Seminário, Livro 7: A ética da psicanálise*, o seminário 6 se insere na primeira época do ensino de Lacan, momento descrito por ele como seu "retorno a Freud", quando percorre o caminho que o levará a postular o Pai, na função de *sinthoma*. Cabe lembrar que, quando de sua publicação em 2013, em Paris, Jacques-Alain Miller chamava a atenção para o fato de se tratar especialmente de uma "intervenção" de Lacan.

A pesquisa aqui realizada segue o método proposto por nós para tal fim, com os seguintes momentos:

a) leitura rigorosa do texto de cada capítulo;

b) escolha de temas a serem destacados da matéria exposta em cada capítulo; e

---

1 N.E.: As referências ao *Seminário 6*, exceto quando especificado de outra forma, referem-se à edição em português publicada pela Zahar em 2016.

c) elaboração de proposições depreendidas dos temas com os consequentes comentários.

Quatro itens concluem a pesquisa de cada tema: lista dos autores citados, referências na obra de Lacan, referências de pesquisa e referências de leitura.

Cabe advertir ao leitor que cada bloco de três capítulos se inicia com uma apresentação ampla para sua leitura, ao *modo dos geômetras*, uma espécie de guia de leitura do que foi privilegiado nesses momentos da transmissão de Lacan.

Consideramos que estudar hoje *O desejo e sua interpretação* abre para os psicanalistas de orientação lacaniana as portas da clínica do século XXI, "aquela dos novos objetos de gozo, dos novos laços e dos novos lugares do sujeito".

Desejamos que todos possam se servir desta firme intenção de trabalho na Escola.

Mirta Zbrun

I
INTRODUÇÃO
É PRECISO TOMAR O DESEJO AO PÉ DA LETRA

Lenita Bentes e Maria Aparecida Malveira

Tema 1 - A palavra "desejo"

Ao dedicar seu sexto seminário ao trabalho sobre a interpretação do desejo, Lacan adverte que o desejo não é uma função biológica, nem correlato a um objeto natural: seu objeto é fantasmático. Por esse motivo, a interpretação é a única operação que pode incidir sobre o desejo para captá-lo em alguma medida. "É preciso tomar o desejo ao pé da letra", afirma Lacan (1958) em "A direção do tratamento", referindo-se à noção de que o desejo se articula pela demanda. Ele apresenta o desejo como "o que se manifesta no intervalo cavado pela demanda aquém dela mesma, na medida em que o sujeito, ao articular a cadeia significante, traz à luz a falta-a-ser com o apelo de receber seu complemento do Outro, que é o lugar da fala, e também o lugar dessa falta". Reintroduzir a palavra desejo nesse seminário é fundamental para precisar os mal-entendidos que a palavra possa suscitar. Deve-se buscar o desejo inconsciente nas trilhas das cadeias significantes, uma vez que o Outro do significante é também o Outro do desejo. Este último é marcado pela primazia dos significantes primordiais, que vão determinar, nas cadeias, as ações, fantasias e sintomas do sujeito.

Proposições

A - Os poetas e a força do desejo.
Lacan assinala que a experiência analítica nos leva a perceber certa relação entre o desejo e o significante, que conduz à função do termo

"desejo" na poesia. Ele afirma que, ao se propor descrever o objeto de desejo, a poesia figurativa "nunca expressa o desejo fora do registro de uma singular frieza" (Lacan, 1958-59/ 2016, p. 14); e indica que a lei da evocação do desejo se encontra na chamada *poesia metafísica*. Segundo Herbert Grierson, "a poesia metafísica é aquela inspirada por uma concepção filosófica do universo, e pelo papel que o espírito humano assume no grande drama da existência. Esse tipo de poesia não se propõe a explicitar ou elucidar algum sistema filosófico, embora muitos de seus temas sejam influenciados por questões presentes em Tomás de Aquino e Spinoza".

B - Os filósofos e sua ética.

Lacan demonstra que, no plano filosófico, é dada ênfase à atuação do desejo e dos apetites sobre o caráter humano. Em Aristóteles, isto fica muito claro: as coisas são muito puras, o prazer e o bem se encontram identificados mediante a ação do que Lacan chama ética de "mestre" [*maître*]:

> (...) algo que decorre do domínio ou maestria/dominação [*maîtrise*] do sujeito em relação aos seus próprios hábitos. Aristóteles reconhece que os desejos - as *epithemia* ultrapassam certo limite, que é precisamente o da dominação e o do eu e que elas muito rapidamente se apresentam no terreno do que ele chama de *animalidade*. (Lacan, 1958-59/ 2016, pp. 15-16)

Autores citados

Aristóteles. (2001). Ética a Nicômaco. São Paulo: Martin Claret. (Trabalho publicado originalmente em 350 d.C.).

Filósofo grego, aluno de Platão. Sua ética é um estudo da virtude (*aretê*). Em *Ética a Nicômaco*, Aristóteles indica uma equivalência entre bem e felicidade: "(...) nosso objetivo é tornar-mo-nos homens bons, ou alcançar o grau mais elevado do bem humano. Este bem é a felicidade; e a felicidade consiste na atividade da alma de acordo com a virtude".

Donne, J. (1962). The Extasie. *Poèmes*. Paris: Gallimard,

John Donne, poeta metafísico inglês. Citado por Lacan, "O êxtase" é um poema célebre, reconhecidamente complexo, com uma característica dramática bastante acentuada e imagens visuais marcantes. Lacan pontua que o poema evoca o problema da estrutura das relações do desejo.

Fairbairn, R. (1941). A revised psychopathology of the psychosis and psychoneurosis. Em: *The International Journal of Psychoanalysis*. (Vol. 22, 250-270).

Freud, S. (1996). Sobre a tendência universal à depreciação na esfera do amor. Em: *Edição standard brasileira das obras psicológicas completas*. (Vol. XI). Rio de Janeiro: Imago. (Trabalho original publicado em 1912).

Ronald Fairbairn, psicanalista escocês. No primeiro capítulo do seminário *O desejo e sua interpretação*, Fairbairn é indicado por Lacan como o representante mais típico dos psicanalistas adeptos das teorias da relação de objeto. Fairbairn privilegia a abordagem da personalidade em detrimento do aspecto libidinal, afirmando que a libido não busca o prazer (*pleasure-seeking*), mas o objeto (*object-seeking*). Essa vertente teórica é criticada por Lacan, para quem a libido é a energia do desejo, não havendo um objeto fixo ou predestinado.

Spinoza, B. (2007). *Ética*. Belo Horizonte: Autêntica Editora. (Trabalho original publicado em 1677).

Baruch Spinoza, filósofo holandês de origem portuguesa/sefardita (1661-1675). Conforme Spinoza, toda realidade humana se organiza em função dos atributos da substância divina, definida como "aquilo cuja existência depende apenas de si mesma". Lacan indica que Spinoza rompe com uma tradição filosófica que exila o desejo do campo do humano, uma tradição que identifica o humano com uma moral de domínio do mestre. Spinoza é, aos seus olhos, o precursor de algo novo no sentido da relação do homem consigo mesmo. Afinal, pertence a esse filósofo a fórmula segundo a qual "o desejo é a própria essência do homem".

Referências de pesquisa

Grierson, H. (1921). *Metaphysical lyrics and poems of the seventeenth century: Donne to Butler*. Oxford: Clarendon Press. https://archive.org/details/metaphysicallyr00griegoog.

Lacan, J. (1998). A direção do tratamento e os princípios de seu poder. Em: *Escritos*. Rio de Janeiro: Jorge Zahar. (Trabalho original publicado em 1958)

Tema 2 - O grafo, uma forma de escritura

O uso por Lacan do termo "grafo" remete à teoria matemática dos grafos e nos ensina que devemos tomá-lo também como "*gramme*", em francês, que é proveniente do grego e significa letra, escritura. O grafo é um tipo especial de escritura que Lacan constrói ao longo dos seminários 5 e 6. Pode-se dizer que é a primeira topologia de Lacan, da qual ele se servirá por dez anos, de 1956 a 1966. No grafo do desejo, a estrutura fundamental nos é dada pela noção e localização do desejo. No seminário 8: *A transferência*, Lacan afirma que "esta é a forma geral, o desdobramento fundamental de duas cadeias significantes onde se constitui o sujeito". O que chamamos "desejo" é a distância que o sujeito pode manter entre as duas linhas, pois é aí que respira durante o tempo que lhe é dado viver.

Referências de pesquisa

Lacan, J. (1992). *O Seminário, Livro 8*: *A transferência*. Rio de Janeiro: Jorge Zahar. (Trabalho original escrito em 1960-61).

Lacan, J. (1999). *O Seminário, Livro 5*: *As formações do inconsciente*. Rio de Janeiro: Jorge Zahar. (Trabalho original escrito em 1957-58).

Tema 3 - "O desejo é a metonímia da falta-a-ser"

Proposições

A - O desejo é metonímico
O desejo é metonímico, o que quer dizer que desliza incessantemente sob a cadeia significante; não se deixa aprisionar pela necessidade, mas se esboça na margem estreita em que esta se desgarra da demanda. O desejo não pode ser articulado, mas é articulável na demanda. Em "A instância da letra no inconsciente ou a razão desde Freud", Lacan trabalha a estrutura metonímica indicando que a conexão do significante com o significante é que permite a elisão em que se instala a falta-a-ser na relação de objeto. Não há objeto prefixado para o desejo, e este é o fundamento de toda a crítica de Lacan a uma vertente da psicanálise que se baseava no estudo daquilo que nomeavam "relação de objeto".

B - Che vuoi?

A função do desejo, em sua relação com a fantasia e com o objeto *a*, é trabalhada no percurso de constituição do eu no lugar do Outro, sob a forma de uma resposta que se mantém interrogativa. Isso se dá no momento em que o sujeito é confrontado com a escalada do desejo, e aí se dá a resposta do Outro a este ato de falar do sujeito. Neste ato de palavra, o código é dado por alguma coisa que não é a demanda primitiva, mas por certa relação entre o sujeito e essa demanda, na medida em que o sujeito permaneceu marcado por seus avatares. Segundo Miller, o desejo lacaniano é marcado pela questão: "O que é que de fato eu desejo?" A questão "*Che Vuoi?*" é retirada de um pequeno romance de Jacques Cazotte, intitulado *O diabo enamorado*. Nesse livro, o diabo ressurge sob a forma de uma medonha cabeça de camelo, que deixa atrás de si uma de suas aparências anteriores: Biondetta, uma charmosa loirinha.

Dessa aparência encantadora brota o horror, quando ela indaga "*Che Vuoi?*" em italiano, enquanto todo o resto do romance está em francês. Miller aponta que "o desejo não é uma vontade, é uma circulação, é extravagante, errante, inatingível. Ele se inverte, se desfia, mostra-se novamente". A análise, portanto, impele o sujeito a fazer de seu desejo uma vontade, e nesse "empuxo à vontade" já se insinua a mentira. A análise demanda que o sujeito nomeie seu desejo, mas o que se descobre é que não conseguimos nomeá-lo. Ele é insubmisso à nomeação, e não se transforma em vontade. Tudo o que conseguimos cingir e nomear do desejo é um gozo. No lugar de "Que queres?" obtém-se como resposta, essencialmente, que "aqui há gozo", ou seja, obtém-se uma localização do gozo articulada num dispositivo significante.

Autores citados

Cazotte, J. (1992). *O diabo enamorado*. Rio de Janeiro: Imago. (Trabalho original publicado em 1772).

Jacques Cazotte é um escritor francês considerado precursor do relato fantástico.

Darwin, C. (1952). *On the origin of species by means of natural selection, or the preservation of favored races in the struggle for life*. Chicago: Encyclopaedia Britannica Inc. (Trabalho original publicado em 1859).

Darwin nasceu em uma família próspera e culta. Seu pai foi um

BIBLIÔ ESPECIAL - SEMINÁRIO 6: O DESEJO E SUA INTERPRETAÇÃO

médico respeitado, e seu avô paterno, Erasmus, foi poeta, médico e filósofo. Em 1825, Darwin foi para Edimburgo estudar medicina, mas abandonou a carreira. Mudou-se para Cambridge disposto a se tornar um sacerdote anglicano, e se tornou amigo do botânico John Stevens Henslow, com quem aprofundou seus conhecimentos em história natural, matéria na qual seu talento se manifestava desde a infância.

Referências de pesquisa

Lacan, J. (1998). A instância da letra no inconsciente ou a razão desde Freud. Em: *Escritos*. Rio de Janeiro: Jorge Zahar. (Trabalho original publicado em 1957).

Miller, J.-A. (2009). Perspectivas dos *Escritos* e *Outros Escritos*. Em: *Coisas de Fineza*. (Décima Quinta Lição, 13 de junho de 2009).

II
EXPLICAÇÃO SUPLEMENTAR

Tema 1 - O sujeito do conhecimento e o sujeito lacaniano.

Paula Legey

Este capítulo é atravessado por uma pergunta: o sujeito falante sabe o que faz falando? Para abordar essa questão, Lacan faz uso do *Cogito* cartesiano, e afirma que na fórmula cartesiana estão presentes dois sujeitos. O primeiro equivale ao localizado no andar inferior do grafo do desejo, no contexto da demanda - seria um sujeito que não tomou a palavra. Fazendo outra referência ao campo da filosofia, Lacan indica que se trata do sujeito do conhecimento, "o sujeito correlativo do objeto, o sujeito em torno do qual gira a eterna questão do idealismo e que é ele próprio um sujeito ideal" (Lacan, 1958-59/ 2016, p. 37). No segundo andar do grafo ele localiza o sujeito que assume o ato de fala, e se situa a partir do enigma do desejo do Outro.

Proposições

A - O sujeito correlativo do objeto
Kant se inscreve numa tradição filosófica que questiona as condições de possibilidade do conhecimento verdadeiro e os limites que o conhecimento não pode transpor. Ao deslocar a indagação dos objetos para o próprio sujeito, ele opera uma mudança de perspectiva no debate filosófico. O sujeito do conhecimento a que Kant se refere não é uma subjetividade pessoal, mas uma estrutura *a priori* da razão. O conhecimento é a síntese que a razão realiza entre uma forma universal e inata e um conteúdo particular, os conteúdos *a posteriori* sendo fornecidos pela experiência. O que importa para que um conhecimento seja verdadeiro

é que ele seja formulado através dessas estruturas racionais e necessárias da razão.

O sujeito não tem acesso à realidade em si, apenas aos objetos do conhecimento. Alguns filósofos posteriores a Kant sugerem que aquilo que se manifesta à consciência nada mais é do que a própria consciência. Sob essa perspectiva, a verdade é um acontecimento interno ao sujeito.

Com o conceito de imaginário, Lacan indicou a existência de uma correlação entre o eu e o objeto. Através do estádio do espelho ele demonstrou a formação da função do eu como operação de antecipação de um corpo unificado através da captura exercida pelo reflexo da imagem oferecida pelo outro. Trata-se da assunção de uma totalidade enganosa, através de uma identificação especular que deixa de lado algo que permanece desconhecido, o que Lacan nomeia aqui como "sujeito do inconsciente". Lacan indica que o objeto do conhecimento é construído e modelado como imagem especular do eu. Tanto o objeto do conhecimento quanto o próprio sujeito do conhecimento, portanto, subsistem com a exclusão de um campo que permanece desconhecido.

Lacan situa o sujeito do conhecimento no contexto da demanda, usando o termo sujeito, nesse momento, para nomear a operação de identificação especular que constitui o eu. Sublinha, assim, a constituição do eu como objeto da demanda do Outro.

B - Há dois sujeitos implicados no cogito cartesiano

A filosofia de Descartes é considerada uma ruptura com uma tradição filosófica que supunha a possibilidade de conhecimento direto da realidade. Antes da solução proposta por Kant, o *Cogito* cartesiano inaugura uma tentativa de costurar a fratura entre sujeito do conhecimento e realidade, o que Kant realiza através da afirmação do *Cogito* e da ideia de um Deus que garante a possibilidade de conhecer os objetos. Lacan comenta que "todas as dificuldades que me foram submetidas relativas ao [eu] o foram a propósito do *Eu penso, logo sou*" (Lacan, 1958-59/ 2016, p. 41), todas as dificuldades decorrem da "não distinção entre dois sujeitos tal como articulei no começo" (Lacan, 1958-59/ 2016, p. 41), ou seja, implicados nessa fórmula: aquele que pensa e aquele que existe a partir do pensar.

O [eu] de que se trata no *Cogito*, segundo Lacan, "não é simplesmente o [eu], articulado no discurso, o [eu] que se pronuncia no discurso e que os linguistas chamam, pelo menos faz algum tempo de *shifter*" (Lacan, 1958-59/ 2016, p. 41). O [eu] do cogito é um "semantema, que só tem um emprego articulável em função do *cogito*, ou seja, em função, pura e simplesmente do código lexicalmente articulável" (Lacan, 1958-59/ 2016, p. 41). Este seria o local do enunciado, o primeiro sujeito de que falamos acima. No *Cogito* há um outro [eu], aquele que se refere ao sujeito desejante, que assume o ato de fala e se situa a partir do enigma introduzido na questão *"Que queres?"*. Se, por um lado, a resposta do Outro a esse sujeito inicial hipotético dá forma à demanda, ao mesmo tempo produz uma defasagem que constitui o desejo, algo que não passa através dos desfiladeiros do significante.

No *Seminário, Livro 11* Lacan compara o "penso" de Descartes com outra frase: "Minto". Ele mostra que, apesar do aparente paradoxo, a frase é perfeitamente válida, já que há um eu da enunciação e um eu do enunciado, um *shifter* (Lacan, 1964/ 1985, p. 133). Há no "minto" uma verdade que se sustenta nessa possibilidade de divisão de dois eus: o eu do enunciado que formula a frase, e o eu da enunciação, que diz a verdade. Com relação ao "penso" também podemos situar essa divisão. Dizer "eu penso", afirma Lacan, é tão frágil quanto dizer "eu minto", se levarmos em conta que há um campo de enunciação inconsciente que fica de fora do que é circunscrito por essa frase.

Referências de pesquisa

Cazotte, J. (1992). *O diabo enamorado*. Rio de Janeiro: Imago. (Trabalho original publicado em 1772).

O Diabo Enamorado conta a história de Álvaro, um homem que, ao invocar o diabo, é atendido por uma cabeça de camelo que lhe pergunta com uma voz retumbante: *"Che vuoi?"* Álvaro ordena que o diabo se torne um cachorro, depois seu criado, mas aos poucos ele vai tomando a forma de uma bela mulher. Essa pergunta, *"Que queres?"*, é tomada por Lacan como a resposta do Outro ao ato de fala do sujeito, um ponto de interrogação a partir do qual o desejo poderá se situar.

Descartes, R. (1983). Meditações. Em: *Os pensadores*. São Paulo: Abril Cultural. (Trabalho original publicado em 1641).

Jakobson, R. (1963). Les embrayeurs, les catégories verbales et le verbe russe. Em: *Essais de linguistique générale*. Paris, Minuit.

Traduzido em algumas ocasiões para o francês como *"embrayeur"*, o termo vem do inglês *"shifter"* — um elemento linguístico que varia em função do ato da mensagem. A palavra "eu", por exemplo, é um *shifter*, na medida em que *eu* pode ser um sujeito x ou y, só identificado numa mensagem específica. A palavra "ontem" é um *shifter* também, pois o dia de ontem só se define em função da data em que se articula a frase.

Kant, I. (1992). *Lógica*. Rio de Janeiro: Tempo Brasileiro. (Trabalho original publicado em 1800).

Referências na obra de Lacan

Lacan, J. (1985). *O Seminário, Livro 11: Os quatro conceitos fundamentais da psicanálise*. Rio de Janeiro: Zahar. (Trabalho original escrito em 1964).

Autores citados

Glover, E. (1958). *La technique de la psychanalyse*. Paris: PUF.

Psicanalista inglês, Edward Glover criou a noção de "núcleo do eu", através da qual definiu uma série de comportamentos do bebê.

Sartre, J.-P. (1937). La transcendance de l'ego. Em: *Recherches philosophiques*. (N. 6).

Nesse texto, Sartre faz um estudo sobre o *Cogito*, situando a existência de uma consciência reflexiva e uma consciência refletida. A consciência reflexiva não toma a si mesma como objeto quando realiza o *Cogito*; o que ela afirma diz respeito à consciência refletida: "(...) assim, a consciência que diz 'eu penso' não é precisamente aquela, a reflexiva que pensa" (Sartre, 1937, p. 191).

Tema 2 - Há algo de paradoxal na fantasia

Clarisse Boechat

Neste capítulo 2, Lacan avança seus desenvolvimentos acerca da fórmula da fantasia ($\$ \lozenge$ a) — sujeito barrado punção de pequeno *a* —, apresentada pela primeira vez em seu *Seminário, Livro 5: As formações do inconsciente* (Lacan, 1957-58/ 1999). Na "Apresentação" do seminário 6, Miller (2014, p. 2) coloca, contudo, que apenas em seu sexto seminário Lacan de fato "elabora a primeira lógica da fantasia", extraindo a construção mínima de seus elementos. No bojo, no nascedouro dessa primeira elaboração, a fantasia inconsciente ocupa um lugar paradoxal.

Proposições

A - Eu te implico em minha fantasia fundamental ou: eu te desejo
Nesse período do ensino de Lacan, ainda não há propriamente um objeto pulsional, condensador de gozo. Nesse contexto, o objeto *a* procede da relação imaginária instituída pelo estádio do espelho, é derivado da imagem do outro, do próprio corpo concebido como objeto. A pulsão, por sua vez, é veiculada pelos significantes da demanda, e não pelo objeto, conforme Miller (2014) assinala em "O Outro sem Outro". Assim, vemos como o trabalho em curso tem em seu cerne as tentativas de Lacan, suas idas e vindas, seus tensionamentos, a fim de forjar a entrada da libido na fantasia, ainda que não haja um objeto pulsional formalizado. O desejo é a via tomada por ele nessa pesquisa.

"A separação de Abelardo e Heloísa", óleo sobre tela de Angelica Kauffman (circa 1775).

Ao situar o objeto *a* não como objeto da pulsão, mas do desejo, Lacan diz: "*Eu te desejo porque és o objeto do meu desejo. Ou seja, Tu és o denominador comum de meus desejos*" (Lacan, 1958-59/ 2016, p. 49). Esse objeto do desejo condensa, fixa em torno de si as "imagens enigmáticas cujo fluxo se chama, para mim, meu desejo", diz Lacan. O desejo é o indexador de um objeto imaginário na fantasia. Nesse sentido, dizer a alguém *"Eu te desejo* é, muito precisamente, dizer-lhe *Eu te implico em minha fantasia fundamental"* (Lacan 1958-59/ 2016, p. 49).

B - Libido, a energia do desejo

Apesar de o objeto imaginário do desejo estar disjunto da libido, podemos localizar algumas balizas de Lacan no sentido de incluir a libido na fantasia. A libido é ali apresentada como "a energia psíquica do desejo" (Lacan, 1957-58/ 1999, p. 12). Movido pela energia psíquica da libido, o desejo é o que orienta a busca do objeto: trata-se de um desejo traspassado por um excesso que causa a busca pelo objeto perdido. Há um tensionamento evidenciado quanto ao lugar da libido na fantasia. Encontramos perspectivas que, por vezes, não se mostrarão definitivas, mas que foram fundamentais para que Lacan pudesse avançar em seu ensino. Em "O Outro sem Outro", Miller (2014) coloca que este é um "seminário encruzilhada". Quanto à via tomada por Lacan, diz que "a via do desejo o conduziu a levar em conta o gozo. (...) Para nós que o lemos, uma vez que temos uma ideia do percurso de Lacan em seu conjunto, vemos como se traçam nele as pistas que nos levaram à nossa prática de hoje, assim como à nossa política".

Autores citados

Abélard, P. (1132). *Historia Calamitatum ou Abælardi ad Amicum Suum Consolatoria.*

Nascido na França em 1079, Pierre Abélard foi um filósofo escolástico, teólogo e lógico. Ficou conhecido por seu relacionamento com Heloísa de Argenteuil, abadessa e escritora. Em *História das minhas calamidades*, Abelardo fala de seu encontro e sua posterior relação ilícita com Heloísa, que fora sua aluna. Abelardo casou-se secretamente com Heloísa, até que Fulberto, tio de Heloísa, o puniu em sua ira, castrando-o enquanto dormia. Após a castração, Heloísa entrou para um convento e Abelardo para um mosteiro, iniciando uma correspondência apaixonada e erudita entre os dois amantes.

Referências de pesquisa

Miller, J.-A. (2014). O Outro sem o Outro. www.ebp.org.br/dr/orientacao/orientacao005.asp.

Miller, J.-A. (jul. 2014). Apresentação do *Seminário 6*. *Revista Opção Lacaniana online*. (Ano 5, n. 14). São Paulo. http://www.opcaolacaniana.com.br/pdf/numero_14/Apresentacao_do_seminario_6.pdf. (Trabalho original publicado em 2013).

Referências na obra de Lacan

Lacan, J. (1999). *O Seminário, Livro 5: As formações do inconsciente*. Rio de Janeiro: Zahar. (Trabalho original escrito em 1957-58).

Lacan, J. (1998). A direção do tratamento e os princípios de seu poder. Em: *Escritos*. Rio de Janeiro: Jorge Zahar. (Trabalho original publicado em 1958).

Lacan, J. (2013). *Le Séminaire livre VI, Le désir et son interprétation*. Paris: Ed. De La Martinière et Champs Freudien Éditeur. (Trabalho original escrito em 1958-59).

Tema 3 - O desejo freudiano na escritura do grafo

Patrícia Paterson

> O Wunsch *não é, em si mesmo, por si só; o desejo é um desejo formulado, é um desejo articulado. Aquilo em que eu quero, por ora, retê-los, é na distinção do que merece (...) ser chamado desejo e deste* Wunsch.
>
> Jacques Lacan, O seminário, Livro 7, A ética da Psicanálise (1959-60)

No segundo capítulo do seminário 6, Lacan retoma a distinção, já indicada no seminário 5, entre o desejo freudiano — *Wunsch* — e sua própria forma de abordar o desejo na escritura do grafo. Segundo Hanns (1996), o termo alemão *Wunsch* pode ser corretamente traduzido por "desejo". Na língua alemã, entretanto, o termo pode ser empregado de formas mais específicas, conforme o contexto. De acordo com o autor, "no texto freudiano, *Wunsch* vincula-se a determinadas palavras do campo preponderantemente representacional e se diferencia de *Lust* (vontade/ desejo/ prazer) e de *Begierde* (desejo intenso, sofreguidão)" (Hans, 1996, p. 136). O caráter sexual e o sentido mais imediato do termo "desejo" não estão contidos na palavra alemã *Wunsch*; nesses casos, os termos *Lust* e *Begierde* são mais adequados.

Proposições

A - Do desejo em Freud: a injeção de Irma

Lacan inicia a discussão acerca da questão do desejo - tal como será trabalhado no grafo - retomando o sonho inaugural de Freud (1900-01/ 1996), a saber, o sonho da injeção de Irma. Nele, Freud revela algo dos excessos e dos desvios do desejo, e é disso que se trata constantemente na experiência analítica. Freud emprega o termo "desejo" no início de sua investigação, mas é só em *A interpretação dos sonhos* que o conceito passa a ter o estatuto central que terá em sua obra. O sonho da injeção de Irma, o primeiro sonho que Freud submete a uma análise pormenorizada (cf. Freud, 1900-01/ 1996, p. 114 e segs.), revela que o desejo inconsciente do sonhador é a força motivadora do sonho. Com a interrupção do tratamento de sua paciente histérica, surge, para Freud, um enigma que ele estaria buscando solucionar através do sonho e das deformações próprias à linguagem onírica. Para Freud (1900-01/ 1996), o sonho é a realização alucinatória de um desejo. Assim, ao final da análise do sonho que inaugura o campo da psicanálise, ele afirma que os sonhos têm um significado, e que "quando o trabalho de interpretação fica concluído, percebemos que um sonho é a realização de um desejo" (Freud, 1900-01/ 1996, p. 130). Vale notar, portanto, que quando fala em desejo, Freud está falando em realização de desejo, ou seja, é através de seu encadeamento nos pensamentos manifestos do sonho que o desejo freudiano encontra realização. Nesse sentido, Lacan assinala que "o sonho não traz consigo nenhuma outra satisfação no nível do *Wunsch*, ou seja, uma satisfação verbal, por assim dizer". Lacan (1958-59/ 2013, p. 56).

B - Não é qualquer desejo: o Wunsch articula os dois estágios do grafo

No seminário 5 Lacan já havia abordado essa particularidade do desejo freudiano, ao afirmar que "a descoberta freudiana depositou a ênfase em seu início no desejo", e que Freud "no sonho não falou simplesmente de desejo, mas de realização de desejo, *Wunscherfüllung*"

(Lacan, 1957-58/ 1999, p. 341). Mais adiante, ao articular a originalidade do desejo na sua particularidade articulável-articulada, afirma que "o desejo freudiano é articulado na medida em que está ligado à presença do significante no homem, por se tratar essencialmente da ligação com o significante. Isso não significa, entretanto, que ele seja articulável" (Lacan, 1957-58/ 1999, p. 341). Ainda que o desejo só se realize mediante o encadeamento significante, isto não o esgota o desejo, mas "articula-se necessariamente na demanda, porque só podemos aproximar-nos dele por intermédio de alguma demanda" (Lacan, 1957-58/ 1999, p. 341). Portanto, a partir da maneira como Lacan trabalha os conceitos de desejo — reservando-o para o desejo do Outro — e de *Wunsch* no seminário 6, conclui-se que este último estaria situado entre o desejo e a demanda, fazendo uma espécie de articulação entre os dois estádios do grafo do desejo. Para concluir, de acordo com Miller (2013), em sua "Apresentação" do seminário 6, a pulsão é o código da demanda inconsciente. Assim, vale notar uma aproximação entre o conceito de desejo freudiano e o de pulsão.

Autores citados

Damourette, J. & Pichon, E. (1970). La personne étoffée. Em: *Des mots à la pensée. Essai de Grammaire de la Langue Française*. Paris: d'Artrey.

Freud, S. (1996). A interpretação dos sonhos (Parte II). *Edição standard brasileira das obras psicológicas completas*. (Vol. V). Rio de Janeiro: Imago. (Trabalho original publicado em 1900-01).

Freud, S. (2004). O recalque. *Obras psicológicas de Freud, escritos sobre a psicologia do inconsciente*. (Vol. 1). Rio de Janeiro: Imago. (Trabalho original publicado em 1915).

Freud, S. (2006). O inconsciente. *Obras psicológicas de Freud, escritos sobre a psicologia do inconsciente*. (Vol. 2). Rio de Janeiro: Imago. (Trabalho original publicado em 1915).

Referências na obra de Lacan

Lacan, J. (1998). A direção do tratamento e os princípios de seu poder. Em: *Escritos*. Rio de Janeiro: Jorge Zahar. (Trabalho original escrito em 1958).

Lacan, J. (1999). *O Seminário, Livro 5: As formações do inconsciente*. Rio de Janeiro: Zahar. (Trabalho original escrito em 1957-58).

Referências de pesquisa

Hanns, L. (1996). *Dicionário comentado do alemão de Freud*. Rio de Janeiro: Imago.

Miller, J.-A. (out. 2013). Presentación del Seminario 6. Em: *Boletín Latigazo* (N. 1). http://www.latigolacaniano.com/español.html.

III
O DESEJO NO SONHO

Leonardo Scofield e Mirta Zbrun

"Ele Não Sabia Que Estava Morto".

Os próximos capítulos se organizam da seguinte forma: cada um deles aborda um tema com uma breve introdução, reúne algumas referências de autores nele presentes e relaciona algumas proposições realizadas por colegas. Neles, é possível acompanhar com clareza o caminho percorrido por Lacan até conceber o desejo, revelando seu circuito e o localizando no grafo - desde sua referência ao significante, passando pela constituição da fantasia, até esboçar o que se tornará uma grande virada em seu ensino, com a subversão do que ele define como objeto *a*.

Nesse percurso, Lacan se serve de dois sonhos: o da pequena Anna e o do pai morto. Do relato do sonho da pequena Anna com objetos *a* "aquilo que a criança tinha que lidar era com o interdito, com o dito que não formado por algum princípio de censura por todo o processo de educação, isso é, com uma operação com o significante que faz dele um indizível" (Lacan, 1958-59/ 2016, p. 88). Lacan evidencia o caráter inapreensível do objeto de desejo e extrai o valor do significante. O interdito desvela o desejo pelo significante. Ao se servir do sonho do pai morto, ainda em sua investigação sobre o significante, Lacan cria uma digressão na gramática francesa para dizer que a negação instaura a divisão no sujeito inconsciente. A partir de duas outras referências que merecem ser conferidas, ele avança na construção da fantasia afirmando que "o que o sujeio mostra, seria tão somente o ponto principal, o mais íntimo de si mesmo? Não, pois o que é suportado por esse objeto é justamente o que o sujeio não pode desvelar, nem mesmo para si mesmo" (Lacan, 1958-59/ 2016, p.101). Em seguida, através dos termos "pudor" (Lacan, 1958-59/

2016, p.100), "extimidade", sua concepção de objeto apresenta as bases de uma virada. "Pudor" é o momento em que o sujeito "enrubesce, se apara, desaparece, está muito constrangido" atrás do significante e tem que se enganchar ao objeto do desejo. Já "extimidade" se refere ao mais íntimo, sem deixar de ser exterior, o que nos permite interrogar sobre o estatuto do objeto imaginário a-a' que, posteriormente, assume o lugar de causa do desejo.

Ao retomar o sonho do pai morto, acrescido da interpretação freudiana "segundo seu voto", Lacan dá um passo muito importante em seu ensino, que o conduz ao mais além do Édipo. Em seu discurso de encerramento no PIPOL VI, Miller discorre longamente a esse respeito. Na investigação do que há de mais profundo do desejo, Lacan localiza o Édipo como uma máscara, e indica a estrutura significante e a relação imaginária como um mais além. Porém, ao deparar-se com a inconsistência do significante, resta ao sujeito defrontar-se com o objeto *a*. Além disso, no sonho do pai morto, este se apresenta como a imagem do objeto que se interpõe ao sujeito, para fazer dela o suporte da ignorância perpétua que vela seu desejo. Temos aí a concepção de Lacan sobre a fantasia $ \$ \lozenge a $ como o mais profundo da estrutura do desejo, apresentado nesse seminário.

Tema 1 - O sujeito do significante

Dando continuidade à distinção entre demanda e desejo iniciada no capítulo 2, Lacan introduz a relação do sujeito com o significante através do caso clínico de um sujeito obsessivo. Do lado da demanda, salienta que é caracterizada pelo fato de ser uma relação entre sujeitos, especificamente pela via do significante. Do lado do desejo, o que vemos é enigma, sendo o desejo situado como guardião do sono e como desejo de morte. Mantendo-se fiel ao seu estilo, para discutir a especulação psicológica sem, contudo, perder de vista o par sujeito x significante, eixo central deste capítulo, Lacan introduz a título de preâmbulo a questão do associacionismo.

Proposições

A - Associacionismo como princípio
Segundo Hillix & Marx (1971, pp. 123-152), "o associacionismo é mais um princípio do que uma escola de Psicologia". O princípio

de associação deriva de questões epistemológicas, internas à filosofia. Assim, a interrogação epistemológica "como conhecemos" é respondida pelos filósofos empíricos da seguinte forma: "Através dos sentidos". Imediatamente surge, no entanto, outra interrogação: e de onde provêm as ideias complexas, que não são diretamente sentidas? A resposta a esta segunda questão fornece o primeiro princípio de associação, a saber: "As ideias complexas provêm da associação de ideias mais simples". O surgimento do associacionismo remonta ao empirismo britânico, que recorreu aos mesmos princípios de associação sugeridos por Aristóteles, séculos atrás, para quem itens semelhantes — opostos ou contíguos — tendem a se associar. O último princípio, o da contiguidade, foi o que teve maior aceitação, e a ele recorre Lacan neste capítulo, para introduzir a noção de metonímia.

B - A associação livre e a determinação do real

Quando recorre ao associacionismo, Lacan tem como objetivo determinar as relações do sujeito com o Real. E salienta que, apesar de todas as críticas às ideias associacionistas, muitas delas sobrevivem ainda hoje, sobretudo devido à psicanálise de Freud. O maior exemplo disso é o conceito de associação livre, que esteve nas origens da psicanálise e orienta nossa prática clínica até os dias atuais, mesmo que não dê consistência ao discurso analítico. Esse conceito se encontra na obra de Freud em diversas passagens, especialmente nos primeiros textos, que abordam a noção de hipnose, e nos "Extratos dos documentos dirigidos a Fliess", de 1892 a 1899. Com esses argumentos, Lacan conclui que estamos num campo onde reina a palavra e, mais especificamente, o significante.

C - Contiguidade e combinação discursiva

No desenvolvimento do capítulo, Lacan afirma que as ideias se associam por contiguidade, princípio associacionista aceito quase que de modo universal, e que versa sobre a seguinte ideia: se duas coisas são experimentadas como estreitamente vizinhas no tempo, o mais provável é que sejam associadas entre si. Nesse sentido, trata-se de uma combinação discursiva sobre a qual se funda a metonímia, tendo a contiguidade como um princípio de encadeamento. Segundo esse princípio, um evento contingente evoca outro, fazendo-o surgir no pensamento por associação. Os elementos em contiguidade são rompidos e reunidos sob um relato. Assim, no ensino de Lacan se destaca a importância que é dada ao relato, ao discurso, o que diferencia a relação de contiguidade da de similitude, na qual está implicada a noção de ser, que remete a Parmênides.

D - Há uma cereja sobre a mesa

As figuras de linguagem — metáfora e metonímia — permeiam toda a obra de Lacan, sobretudo porque dão consistência ao aforismo "o inconsciente é estruturado como linguagem". Neste capítulo, a metonímia é ilustrada com o exemplo das relações possíveis entre a cereja e a mesa. "Uma palavra puxa a outra. Digo a palavra *cereja*, o sujeito evoca a palavra *mesa*. Será uma relação de contiguidade, porque, tal dia, havia cerejas na mesa" (Lacan, 1958-59/ 2016, p. 59). Para um maior aprofundamento acerca do tema, sugerimos uma visita ao texto de Lacan, "A instância da letra no inconsciente", publicado em *Escritos*.

Autores citados

Parmênides de Eleia. (*circa* 490 a.C.). *Sobre a Natureza*.

Pré-socrático nascido na Itália, em Eleia, hoje Vélia, Parmênides escreveu o poema filosófico intitulado "Sobre a natureza". Suas ideias versam sobre a verdade e a opinião. A ideia central é que "fora do ser o não ser nada é, forçosamente admite que só uma coisa é, a saber, o ser, e nenhuma outra.

Referências de pesquisa

Hillix, W. A. & Marx, M. H. (1971). Associacionismo. Em: *Sistemas e teorias em Psicologia*. São Paulo: Cultrix.

Freud, S. (1977). Extratos dos documentos dirigidos a Fliess (1892-1899). *Edição standard brasileira das obras psicológicas completas*. (Vol. I). Rio de Janeiro: Imago.

Souza, J. C. (Seleção de textos e supervisão). (1996). Pré-socráticos. Em: *Os pensadores*. (117-127). São Paulo: Nova Cultural.

Tema 2 - Inconsciente e pulsão

Neste capítulo 3, Lacan diferencia afeto de representação, fazendo referência a estas duas vertentes da pulsão: a de "representante da representação inconsciente" — ou significante, ou as marcas de escrita, propriamente — e a do afeto, que se desloca entre as representações. Com Freud — "O inconsciente", 1915 —, Lacan concebe que há, no inconsciente, apenas marcas de escrita (*Niederschriften*). Isso implica dizer que Lacan descarta a concepção de afeto inconsciente como aquilo que está reprimido na verdade de um corpo, algo que palpita e que, sendo liberado, daria acesso a um índice de real.

Proposições

A - Marcas de escrita

Lacan resgata o texto freudiano para precisar o lugar dos afetos, e daquilo que é passível de ser inscrito no inconsciente: apenas o significante, que ele faz equivaler às marcas de escrita [*Niederschriften*] e traços mnésicos [*Erinnerungsspur*], signos de percepção por ele também assimilado ao termo [*Vorstellungsrepräsentanz*], o representante da representação, legítimo representante da pulsão. Segundo Freud, apenas o *Vorstellungsrepräsentanz* pode ser propriamente recalcado. Lacan acrescenta que "o que é recalcado não é a representação do desejo, a significação, mas o porta-voz da representação", esclarecendo que se trata do "representante da representação do movimento pulsional, aqui chamado *Triebregung*" — o movimento pulsional, conforme nomeado por Freud (Lacan, 1964/ 1998, p. 206).

B - Afeto e pulsão

Lacan sustenta que falar em afetos inconscientes é um abuso de linguagem, uma vez que a pulsão, ela mesma, não é recalcada. O que ocorre é que, através do recalque, a pulsão vai "se religar a uma outra representação não recalcada". Assim, o afeto é de fato um "apêndice da pulsão".

Parece ser esta a via trilhada por Lacan, sobre a qual ele irá fundamentar, no ano seguinte, seu seminário sobre a ética. Afinal, os afetos são considerados à luz da estrutura da linguagem nos próprios significantes, a partir de uma referência ética. Lacan entende que o afeto não está recalcado, apenas deslocado, à deriva. Recalcados estão os significantes que o amarram, daí a importância de remetê-los à estrutura do inconsciente advinda da linguagem, dado que os afetos são efeitos do significante.

Referências de pesquisa

Freud, S. (2004). Formulações sobre os dois princípios do acontecer psíquico. Em: *Obras psicológicas de Freud. Escritos sobre a psicologia do inconsciente.* (Vol. 1). Rio de Janeiro: Imago. (Trabalho original publicado em 1911).

Freud, S. (2006). O Inconsciente. Em: *Obras psicológicas de Freud. Escritos sobre a psicologia do inconsciente.* (Vol. 2). Rio de Janeiro: Imago. (Trabalho original publicado em 1915).

Lacan, J. (1985). *O Seminário, Livro 11: Os quatro conceitos fundamentais da psicanálise.* Rio de Janeiro: Jorge Zahar. (Trabalho original escrito em 1964).

Tema 3 - O sonho do pai morto
Recalque, elisão, metáfora

Neste capítulo 3, Lacan retoma o texto de Freud (1911/ 2004) "Formulações sobre os dois princípios do funcionamento mental", considerado por ele "o melhor guia" para investigar a interpretação do desejo no sonho.

O que se depreende do conjunto da obra de Freud, sobre as relações do *Vorstellungsrepräsentanzen* com o processo primário, na medida em que ele está submetido ao primeiro princípio do prazer, não deixa nenhum tipo de dúvida. Não há nenhum outro modo de conceber a oposição entre o princípio do prazer e o princípio de realidade, a não ser percebendo que o que nos é dado como o surgimento alucinatório em que o processo primário — isto é, o desejo no nível do processo primário — encontra sua satisfação não concerne simplesmente a uma imagem, mas a um significante. (Lacan, 1958-59/ 2016, p. 65)

Lacan situa a problemática das alucinações e suas relações com o significante x imagem. No sonho tratado por ele, do sujeito em luto pelo pai de quem cuidou, o pai ainda está vivo e fala com ele como antes. "Apesar disso, ele não deixa de experimentar de maneira extremamente penosa o sentimento de que o pai já está morto. *Só que ele não sabia de nada* — entenda-se, o pai". Esse sonho se repete com insistência.

E Lacan afirma que "isso nos leva a dar o devido peso ao modo como Freud trata o problema: por meio do significante". Ato contínuo, Lacan situa o *wishful thinking*, um tipo de interpretação.

Proposições

A - Recalque e interpretação

Lacan nota que Freud trata o sonho pelo significante, e seguindo seu texto, encontra-se uma "subtração" do significante. Cabe ressaltar que o sentido do termo "subtração" é o mesmo que Freud utiliza para designar o recalque em sua forma pura. Nesse contexto, a interpretação do sonho tinha o objetivo de restaurar o desejo inconsciente, o que não valida a interpretação de que o filho desejava a morte do pai, visto que esse desejo já havia sido consciente.

B - A elisão faz metáfora

Lacan apresenta o recalque e a elisão como dois conceitos distintos. O recalque se aplicaria à ordem da *Vorstellung*, ao passo que a elisão estaria ligada ao aparecimento de um sentido novo, como efeito de algo diverso do recalque. O efeito de sentido produzido pela elisão é distinto de uma alusão a algo que a precede — no caso do sonho, a relação entre pai e filho. A elisão, ao contrário, produziria um efeito de significação original sobre o plano manifesto pela substituição de um zero (diferente de nada). E por esse motivo, teria um efeito metafórico.

C - A função da fantasia

Empregando a expressão "fantasia do sonho", Lacan questiona se a cena do sonho tem o valor fundamental, estruturado e estruturante da fantasia, ou seja, se há, nesse cenário, certo número de caracteres exigíveis para nele se reconhecer a fantasia. Ao explorar a investigação sobre a fantasia do sonho e a função da fantasia, Lacan traz a dimensão da neurose e da psicose, e evoca o sonho de estar morto sem sabê-lo para falar da defesa dos analistas contra a ficção da *demi-mort* (meia morte).

Autores citados

École de Marbourg.
A história do pensamento alemão na segunda metade do século XIX é marcada por uma renovação espetacular do kantismo. Lacan evidencia o pensamento sem imagens.

Freud, S. (2004). Formulações sobre os dois princípios do acontecer psíquico. Em: *Obras psicológicas de Freud. Escritos sobre a psicologia do inconsciente*. (Vol. 1). Rio de Janeiro: Imago. (Trabalho original publicado em 1911).

"Senhora lendo as cartas de Abelardo e Heloísa,"
óleo sobre tela de Bernard D'Agesci, circa 1780.

Referências de pesquisa

Brentano, F. (1874). *Psychologie vom empirischen Standpunkt*. https://archive.org/details/psychologievome02brengoog

O livro *Psicologia segundo o ponto de vista empírico*, de 1874 e o curso *"Psychologie"*, ministrado pelo autor e frequentado por Freud, podem ter influenciado a noção de *"Vorstellung"*. A segunda edição dessa obra (Ontos, 2008) inclui, ainda, *Von der Klassifikation der Psychischen Phänomene* (*Sobre a classificação dos fenômenos psíquicos*).

IV
O Sonho da Pequena Anna

Tema 1 - A ciência dos sonhos

Lenita Bentes e Maria Aparecida Malveira

Na última década do século XIX, Freud começou sua própria exploração do fenômeno dos sonhos, trabalhando contra um pano de fundo de quase cinquenta anos de intensas pesquisas e teorizações sobre a questão. Em *Traumdeutung*, que considerava sua obra mais importante, Freud elaborou a teoria sobre a análise dos enigmas dos sonhos. Foi também nessa obra que o desejo tomou um estatuto central.

Lacan relata que mergulhou numa releitura dessa obra de Freud para trabalhar seu tema de 1958-59, o desejo e sua interpretação.

Proposições

A - O desejo veiculado pela mola da fala
No capítulo 6, "Introdução ao objeto do desejo", Lacan destaca que "não há outro signo do sujeito senão o signo de sua abolição, que se escreve $" (Lacan, 1958-59/ 2016, p. 119) e assim quanto ao seu desejo, o homem não é veraz, já que a situação lhe escapa radicalmente. Além disso, na presença do objeto *a* há um desvanecimento do sujeito. Lacan se refere a uma cena acontecida quando ministrava seu último seminário, quando quis marcar isso, e mais tarde, alguém falando com ele, chamou de *uma umbilicação do sujeito ao nível de seu querer*, imagem que ele acata com prazer, "tanto mais que ela está estritamente conforme com o que Freud designa quando fala do sonho" (Lacan, 1958-59/ 2016, p. 119).

No capítulo 4, ao tratar da nudez do desejo, no sonho da pequena Anna descrito por Freud, destaca que nele "as coisas apresentam-se de maneira problemática, ambígua, o que até certo ponto legitima a distinção que Freud faz entre o sonho da criança e o sonho do adulto". Trata-se de um sonho extremamente simples, pelo menos na aparência, e Lacan se serve dele para articular o desejo no sonho, desejo veiculado pela mola da fala como ele se situa nas duas cadeias do grafo do desejo.

B - Toda apreensão humana da realidade está submetida à busca do sujeito pelo objeto do desejo
Essa é a condição primordial — o sujeito busca o objeto de seu desejo, mas nada o conduz a ele. No início, na medida em que está *sub-tendida* pelo desejo, a realidade é alucinada. Aquilo que na teoria freudiana do nascimento do mundo objetal, da realidade tal como é expressa no fim de *Traumdeutung*, por exemplo, e retomada a cada vez que se trata dela essencialmente, implica que o sujeito fique em suspensão com relação ao que constitui seu objeto fundamental, o objeto de sua satisfação essencial (Lacan, 1955-56/ 1985, p. 101).
Ao emergir da mente inconsciente, o desejo perturba o sono e ameaça o repouso, mas quem está sonhando quer continuar a dormir, e por isso fantasia uma história na qual o desejo pode ser satisfeito. Nesse sentido, o sonho da Pequena Anna nos permitirá acompanhar os avanços de Lacan na construção desse conceito tão complexo e fundamental que é o desejo e sua interpretação.

Tema 2 - O interdito desvelou o desejo no sonho que se exprime e desliza pelo significante

O Sonho da Pequena Anna, tratado neste capítulo 4, e que aparece na primeira edição de *Traumdeutung*, é um sonho de criança do qual Lacan se servirá para articular do que se trata o "desejo do sonho".
Lacan também trabalha esse sonho no capítulo 12 do seminário 5: *As formações do inconsciente* (1957-58/ 1999, p. 229). Ali, ele assinala que "a experiência que temos dos sonhos mais simples da criança não é a de uma simples satisfação, como quando se trata da necessidade da fome"; aquilo com que sonha a Pequena Anna, é "justamente o que lhe foi proibido" — *cerejas, morangos, framboesas, pudim* — tudo o que já foi incluído numa característica propriamente significante, por ter sido proibido. Ela não sonha simplesmente com o que atenderia a uma necessidade, mas com o que se apresenta à maneira de um banquete, ultrapassando os limites do objeto natural da satisfação dessa necessidade.

Nas trilhas da interpretação do sonho no seminário 6, Lacan destaca que "aquilo com que a criança tinha que lidar era o interdito, com o *dito que não,* formado por algum princípio da censura por todo o processo de educação, isto é, com uma operação com o significante que faz dele um indizível. Contudo, esse significante é dito, o que supõe que o sujeito deu conta do *dito que não* permanece dito mesmo que não seja executado" (Lacan, 1957-58/ 1999, p. 88).

Contudo, para o *dito* que *não,* a saída oferecida é censurar a verdade do desejo, que por si só é uma ofensa à autoridade da lei. Na censura, na verdade do desejo, trata-se de impedir um enunciado de chegar à enunciação. E assim, a Pequena Anna "foi perfeitamente capaz de perceber o sentido da frase da sua babá" que interditou a realidade de sua satisfação. Trata-se de um sonho "de uma experiência vivida, com a vantagem de ser abordado pelo significante".

Proposições

A - A diretriz do prazer não é a diretriz do desejo

A propósito da comunicação do psiquiatra e psicanalista francês Wladimir Granoff (1961, pp. 255-282), Lacan comenta que "evocou um problema essencial, o da diferença entre a diretriz do prazer e a diretriz do desejo" (Lacan, 1958-59/ 2016, p. 76). Isso manteria a mais estreita relação quando se interroga sobre a função da *Vorstellung* no princípio do prazer. Em *Além do princípio do prazer,* a originalidade de Freud foi perceber que é preciso um elemento que se encontra na *Vorstellung,* quando introduz a distinção entre o processo primário e o processo secundário e a síntese do princípio do prazer e princípio da realidade.

O processo primário "significa a presença do desejo, mas não de qualquer um, do desejo ali onde ele se apresenta mais fragmentado" (Lacan, 1958-59/ 2016, p. 76). No processo primário, o que está em jogo, o que está se passando, desemboca na alucinação, que se produz por um processo de regressão que Freud chamou "tópico". O resultado do processo primário, conforme Freud o descreve, é que alguma coisa se "acende" sobre esse circuito.

No capítulo VIII de *A interpretação dos sonhos,* Freud formula que o processo primário tem como lei o princípio do prazer, e nesse nível o sujeito rejeita todo desprazer, a tal ponto que, quando o desprazer surge em sonhos, a reação é o despertar. "No caráter fundamental do desejo no sonho, Freud foi levado a nos dar, como efeito, o exemplo do sonho da criança como típico da satisfação alucinatória" (1957-58/ 1999, p. 229).

B - A direção do prazer e a interdição da realidade

No *Seminário 2, O eu na teoria de Freud e na técnica da psicanálise* (Lacan, 1955-56/ 1985), a leitura empreendida por Lacan abrange as distinções entre a natureza do *eu* e o sujeito do inconsciente e os princípios que regem cada uma dessas instâncias: o princípio do prazer e seu derivado, o princípio da realidade e também o princípio que Freud denominou "além do princípio do prazer".

A relação entre o princípio do prazer [*Lust Prinzip*] e o princípio da realidade [*Realität Prinzip*] é que o princípio da realidade tem domínio sobre o princípio do prazer. Ao caminho mais curto do prazer, o princípio de realidade contrapõe o caminho mais longo — mas de alguma forma gratificante — da renúncia. O princípio da realidade não abandona a intenção de fundamentalmente obter prazer; não obstante, exige e efetua o adiamento da satisfação, o abandono de uma série de possibilidades de obtê-la e a tolerância temporária do desprazer — uma etapa no longo e indireto caminho para o prazer. Não se pode falar numa oposição pura e simples entre ambos os princípios, mas numa oposição ao princípio da realidade como um desvio do princípio do prazer: "na realidade, a substituição do princípio de prazer pelo princípio de realidade não implica a deposição daquele, mas apenas sua proteção. Um prazer momentâneo, incerto quanto a seus resultados, é abandonado, mas apenas a fim de ganhar, mais tarde, ao longo do novo caminho, um prazer seguro" (Freud, 1911/ 1977, p. 283).

C - Diretriz do desejo

Ao acompanhar a leitura empreendida por Jacques-Alain Miller nos seus cursos psicanalíticos, mais especificamente em *"La fuga del sentido"*, destacamos a interpretação que Miller faz do desejo "como um peixinho num aquário". Para isto é preciso arte. Ele recorda uma passagem muito boa de Lacan sobre isto, quando este diz que os peixinhos do desejo escorregam pelos desfiladeiros do significante, e pegá-los se torna difícil.

Isto é muito apropriado no momento em que estamos lendo novamente o sonho da Pequena Anna, desta vez para acompanhar o desejo em sua derivação com a demanda, ou seja, o desejo deslizando-se através do significante: a diretriz do desejo desliza na cadeia significante. "Onde se situa a cadeia das nomeações?" interroga Lacan.

Voltamos ao grafo do desejo de Lacan nos seus dois patamares, que funcionam simultaneamente: o primeiro andar, a cadeia inferior, o lugar da relação do sujeito com o significante onde ele recebe e padece da estrutura, é a fase do contexto da demanda. Mas as duas cadeias estão implicadas em todo o processo. A demanda, "que sem dúvida deve passar pelos desfilamentos do significante como necessidade, está expressa aqui de uma maneira certamente deformada, mas ao menos monolítica, e o monólito em questão é constituído pelo próprio sujeito" (Lacan, 1958-59/ 2016, p. 84).

Tema 3 - A topologia do desejo

Neste capítulo 5, "O sonho do Pai Morto", Lacan assinala que, "como era de se esperar, o desejo tinha de encontrar seu lugar em algum canto no grafo" e escolheu esse sonho para avançar nas articulações da função do desejo no sonho.

"O anseio de castrar o pai, com seu retorno sobre o sujeito, tem um alcance que vai além de qualquer desejo justificável"; e mais adiante Lacan interpreta que "a *Verdrangung* repousa toda ela na problemática do apagamento do sujeito, que no caso é sua salvação, nesse ponto derradeiro em que o sujeito está fadado a uma derradeira ignorância".

Lacan avança mais um pouco nos seus desenvolvimentos das articulações do desejo que visou preparar suficientemente, neste caso, a elucidação da fórmula da fantasia, $\$ \lozenge a$, da fantasia no inconsciente: "o sujeito enquanto barrado, anulado, abolido pela ação do significante que encontra seu suporte no outro, que é o que, para o sujeito que fala, define o objeto como tal", (Lacan, 1958-59/ 2013, p. 110).

Proposições

A - Uma distinção que não se faz por uma localização temporal, mas por uma localização tensional
O que Lacan chama de desejo é a distância que o sujeito mantém entre as duas linhas, a do enunciado e a da enunciação na concepção. Toda a gramática está aí, nas duas cadeias significantes: uma do discurso efetivo e outra do inconsciente. Daí a importância da interrogação: quem é o sujeito que se repete e insiste, ou seja, o sujeito da enunciação no enunciado? O sujeito do inconsciente se encontra na discordância entre o sujeito do enunciado e o sujeito da enunciação, isto é, dividido entre dois sujeitos.

No que se refere à gramática, "não preciso lhes dizer como ela mantém à distância frases como *'Eu não saberia dizer se ele morreu'*" (Lacan, 1958-59/ 2016, p. 89). Os taxiemas (*a menor unidade formal,*

um traço simples de natureza gramatical; por exemplo, no enunciado 'você?'
há dois taxiemas: a classe formal selecionada e a entonação ascendente) "são
feitos para manter a separação necessária entre essas duas linhas" (Lacan,
1958-59/ 2016, p. 89). A distinção entre essas linhas se faz não só pela
distância, mas por uma localização tensional, uma diferença de tempo.

B - O "não dito" deixa no dito o sinal do recalque

É através do exemplo do Outro que o sujeito procede para inau-
gurar o processo de recalque. Ainda no capítulo 4, Lacan assinala que
"a criança percebe, num determinado momento, que esses adultos
que deveriam conhecer todos os seus pensamentos, pois bem, eles não
os conhecem" (Lacan, 1958-59/ 2016, p. 90). Como consequência,
a criança poderá mais tarde reproduzir uma alucinação que aparece
na estrutura de fundo do processo da enunciação, paralelamente ao
enunciado, aos ecos e atos dos pensamentos expressos. "O fato é que,
se uma *Verwerfung*, não se realizou, num certo momento a criança percebe que esse adulto que conhece todos os seus pensamentos" (Lacan,
1958-59/ 2016, p. 91).

O que se evidencia no recalque é que o não dito se encontra afetado pelo sinal "não", o fato de que ele não é dito enquanto o deixa dito,
a *Verneinung* [negação] depois da *Bejahung* [afirmação] primitiva.

Trata-se aqui de uma dedução lógica, e não genética. Na topologia proposta, Lacan elabora o mecanismo do recalque lastreado
pelos matemas empregados no grafo: o *"Ele não sabe"*, por intermédio do qual o Outro, que é o lugar da minha fala, se torna mora-
da de meus pensamentos e pode introduzir o *Unbewusste* no qual
entrará, para o sujeito, o conteúdo do recalque. Assim, é o Outro
que inaugura o processo do recalque. E sendo assim com qualquer
adulto, a criança não sabe nada disso: "o sujeito opera pela via do
significante".

"Na sua raiz, o recalque, tal como se apresenta em Freud, não
pode se articular de outra maneira que não seja incidindo sobre o significante" (Lacan, 1958-59/ 2016, p. 91).

Autores citados

Binet, A. Alfred Binet (1857-1911), pedagogo e psicólogo francês. Criou
os primeiros testes de inteligência, cujo objetivo era verificar os
progressos de crianças deficientes do ponto de vista intelectual.

Freud, S. (1977). Carta 52. Em: *Edição standard brasileira das obras psicológicas completas*. Rio de Janeiro: Imago. (Trabalho original escrito em 1897).

Freud, S. (1996). A interpretação dos sonhos. Em: *Edição standard brasileira das obras psicológicas completas*. (Vol. V). Rio de Janeiro: Imago. (Trabalho original publicado em 1900-01).

Freud, S. (1977). Formulações sobre os dois princípios do funcionamento mental. Em: *Edição standard brasileira das obras psicológicas completas*. (Vol. XII). Rio de Janeiro: Imago. (Trabalho original publicado em 1911).

Granoff, W. (1961). Ferenczi, faux problème ou vrai malentendu. Em: *Psychanalyse*. (Vol. 6). Paris: SFP.

Wladimir Alexandre Granoff (1924-2000), psiquiatra e psicanalista francês. Lacan faz referência a ele para localizar um problema essencial, a diferença essencial entre a diretriz do prazer e a diretriz do desejo, a propósito de sua comunicação "Ferenczi, faux problème ou vrai malentendu", sessão científica da S.F.P. em 2 de dezembro de 1958, publicada em *Psychanalyse*, vol. 6, pp. 255-282.

Fabre, J.-H. Jean-Henry Fabre (1823-1915), naturalista francês para quem o instinto era impermeável à experiência.

Fechner, G. Gustav Theodor Fechner (1801-1887), matemático e físico brilhante que trabalhou com Wundt, Weber e Fechner na Universidade de Leipzig, Alemanha, berço da psicologia moderna no final do século XIX.

Ferenczi, S. Sándor Ferenczi (1873-1933), analista eminentemente clínico. Foi um dos organizadores e defensores do movimento psicanalítico.

Fliess, W. Wilhelm Fliess (1858-1928), médico alemão, amigo de Freud, com quem Freud trocou correspondência. Lacan evoca a "Carta 52", onde Freud é levado a supor a origem, uma espécie de ideal, que não pode ser visto como uma simples tomada de verdade [*Wahrnehmung*]. Na "Carta 52", Freud retoma o circuito do aparelho psíquico, e o que ele procura explicar não é qualquer estado psíquico, mas aquele que foi seu ponto de partida, o único que é acessível e se revela fecundo na experiência da cura — os fenômenos de memória.

Le Bidois, G. Georges Le Bidois (1863-1938), linguista e crítico da língua francesa. Lacan faz referência a ele com relação à discussão dos critérios a se adotar frente ao *Ne explétif.*

Pavlov, I. Ivan Petrovich Pavlov (1849-1936), fisiólogo russo, premiado com o Nobel de Fisiologia ou Medicina de 1904 por suas descobertas sobre os processos digestivos de animais.

Piaget, J. Jean Piaget (1896-1980), psicólogo e biólogo suíço. Produziu uma das mais importantes teorias sobre o desenvolvimento humano.

Referências na obra de Lacan

Lacan, J. (1985). *O Seminário, Livro 2: O eu na teoria de Freud e na técnica da psicanálise.* Rio de Janeiro: Zahar. (Trabalho original escrito em 1954-55).

Lacan, J. (1985). *O Seminário, Livro 3: As psicoses.* Rio de Janeiro: Zahar. (Trabalho original escrito em 1955-56).

Lacan, J. (1995). *O Seminário, Livro 4: A relação de objeto.* Rio de Janeiro: Zahar. (Trabalho original escrito em 1956-57).

Lacan, J. (1999). *O Seminário, Livro 5: As formações do inconsciente.* Rio de Janeiro: Zahar. (Trabalho original escrito em 1957-58).

Lacan, J. (2013). *Le Séminaire livre VI, Le désir et son interprétation.* Paris: Ed. De La Martinière et Champs Freudien Éditeur. (Trabalho original escrito em 1958-59).

V

O SONHO DO PAI MORTO: "CONFORME SEU ANSEIO"

Tema 1 - A negação instaura a divisão do sujeito

Clarisse Boechat

"Este não é um cachimbo", óleo sobre tela
de René Magritte, 1948.

Em sua teoria da negação, construída em *Des mots à la pensée: Essai de Grammaire de la Langue Française* (1970), Damourette & Pichon discorrem sobre a especificidade da negação na língua francesa. Por ser bífida, ou bipartida, a negação em francês ocupa um lugar muito particular em relação às demais línguas: de um lado, temos o *ne*, partícula que expressa discordância; de outro, temos o *jamais, pas, rien, aucun* e *personne*, partículas *forclusivas* em construções formuladas como "*ne (...) pas*".

Lacan se apropria dessa diferenciação entre as negações e as considera como modo de instauração da divisão do sujeito pela linguagem — ponto preciso no qual o que é dito se deixa ouvir para além daquilo que se falou, apontando para outra coisa, outra cena.

Proposições

A - Nem sim, nem não: a discordância como entre-dois

Caracterizada pela omissão do *ne* na construção de frase, a negação que expressa discordância retém a atenção de Lacan, já que essa ocultação resulta na formulação de frases que não são nem verdadeiramente afirmativas nem plenamente negativas, apresentando-se como modalidades do recalcado. Nessas construções, podemos observar como posições contraditórias podem comparecer lado a lado no inconsciente: não são nem uma coisa, nem outra, e nessa discordância, Lacan aponta a divergência entre o enunciado e a enunciação.

O exemplo mais conhecido dessa ambiguidade, que Lacan utiliza neste capítulo, é o *"Je crains qu'il ne vienne"*, cuja tradução para o português é "temo que ele venha", e não "temo que ele não venha"; mas em francês isso se diz assim, então a tradução perde o equívoco sutil do original, que parece indicar que o temor é, justamente, de que ele venha. Segundo Lacan, "aí se percebe a discordância no desejo do sujeito, expresso pelo temor diante da possibilidade entrevista de que ele de fato venha: *Temo que ele venha*, e não *Temo que ele não venha*, qualquer um sabe o que isso quer dizer" (Lacan, 1958-59/ 2013, p. 96).

A discordância expressa pelo *ne*, o tom não decidido da frase que resta em suspensão, indica o desejo inconsciente do sujeito, apontando para sua divisão entre-dois, enunciado e enunciação. Para Lacan, o enunciado é menos suspeito, assimilado ao discurso concreto, aquele que se encadeia ao falar. Por outro lado, na escuta da enunciação reside a perspicácia do psicanalista, que está em pressentir a ambivalência própria ao inconsciente.

B - A negação forclusiva evidencia o que se quer anular

Neste capítulo, Lacan recupera os desenvolvimentos de Pichon relativos à negação forclusiva para se ocupar da distinção entre os sujeitos do enunciado e da enunciação. A especificidade do trabalho de Lacan consiste em demonstrar como a negação forclusiva previamente instalada no âmbito da linguagem incide sobre a operação de instauração da divisão do sujeito inconsciente.

A enunciação se apresenta na medida em que o forclusivo indica um fato excluído das possibilidades. Há uma tentativa de anulação, de deixar de fora a ideia que desagrada pelo uso da negativa, através dos advérbios *jamais, pas, rien, aucun* e *personne* antecedidos pelo *ne*.

Essa operação, contudo, não impede que a ideia que desagrada ao locutor apareça na frase; pelo contrário, destaca o que ele deseja deixar de fora e produz um efeito curioso, no qual aquilo que se pretende negar é afirmado. Neste sentido, a ideia transmitida, por exemplo, pelo termo "*jamais*", escotomiza do campo de possibilidades uma outra, específica, trazida justamente por aquele que disse: "Não é a minha mãe".

Autores citados

Damourette, J. & Pichon, E. (1970). La personne étoffée. Em: *Des mots à la pensée. Essai de Grammaire de la Langue Française*. Paris: d'Artrey.

Édouard Pichon, um dos maiores linguistas franceses, produziu em parceria com Jacques Damourette essa teoria mais tarde apropriada por Lacan para pensar os desdobramentos de seu axioma "o inconsciente é estruturado como linguagem".

Tema 2 - O avaro e seu boné

Paula Legey

Lacan aborda as relações do sujeito com o objeto utilizando dois exemplos, um extraído de um livro e outro de um filme. Do primeiro, um livro de Simone Weil (1947/ 1988), ele retira a questão: "Chegar a saber o que o avarento perdeu com o roubo de seu cofrinho; aprenderíamos muito" (Lacan, 1958-59/ 2016, p. 100). Do filme "A regra do jogo", de Jean Renoir (1939), ele comenta uma situação em que um personagem, um colecionador de objetos, mais especificamente de caixas de música, "enrubesce, se apaga, desaparece muito constrangido" (Lacan, 1958-59/ 2016, p. 100). Captamos, precisamente, o ponto de oscilação que se manifesta ao extremo na paixão do sujeito pelo objeto que ele coleciona, e que é uma das formas do objeto do desejo.

Proposições

A - O mais íntimo do sujeito é suportado pelo objeto

Lacan afirma que o enrubescimento do colecionador diante da linda caixa de música em "A regra do jogo" tem relação com o surgimento em cena de algo muito íntimo: "o objeto consiste em algo que está fora" (Lacan, 1958-59/ 2016, p. 101); o mais íntimo do sujeito encontra-se do lado de fora. Há algo que é suportado pelo objeto, "essa coisa que está na borda mesmo do maior segredo" (Lacan, 1958-59/ 2016, p. 100) do sujeito.

Lacan usa o termo "pudor" para nomear o momento de desaparecimento do sujeito atrás do significante, quando o sujeito tem que se enganchar ao objeto do desejo. Na cena do filme, ao deparar-se com a caixa de música, o colecionador enrubesce, se apaga, desaparece, está muito constrangido, pois "o que é suportado por esse objeto é justamente o que o sujeito não pode desvelar, nem mesmo para si mesmo" (Lacan, 1958-59/ 2016, p. 101). Nesse momento de seu ensino, é assim que Lacan descreve a ligação entre sujeito e objeto: o sujeito se agarra ao objeto na medida em que é abolido pelo significante.

Se o mais íntimo do sujeito é suportado pelo objeto, podemos imaginar que, quando o avaro perde seu boné — questão posta por Simone Weil —, é alguma coisa de seu ser que ele perde.

B - O ponto de pânico é a presença do "êxtimo"

O termo "extimidade", utilizada por Lacan e valorizado por Miller, serve para indicar uma torção entre os espaços internos e externos, onde dentro e fora não se resumem às formas imaginárias do corpo.

O termo se constrói sobre a palavra intimidade, porém sem ser o seu oposto, já que o "êxtimo" se refere precisamente ao mais íntimo — o mais próximo, e ao mesmo tempo exterior.

Lacan usa esse termo no seminário que se segue a "O desejo e sua interpretação", o seminário 7, "A Ética da Psicanálise", a propósito da Coisa, *Das Ding* (Lacan, 1959-60/ 1997, p. 173). A Coisa indica o objeto original mítico em torno do qual o processo simbólico é tramado (Lacan, 1959-60/ 1997, p. 76). Trata-se de algo que ocupa o lugar de um centro excluído; o mais próximo, que, no entanto, não é absorvível pelo simbólico. O ponto de pudor é o ponto onde o "sujeito enrubesce, se apaga, desaparece muito constrangido" (Lacan, 1958-59/ 2016, p. 101) quando ocorre a apresentação de alguma coisa *êxtima*, da intimidade exposta cruamente do lado de fora. Essas torções topológicas serão mais elaboradas por Lacan posteriormente, quando ele dá consistência teórica ao objeto *a*.

C - A indestrutibilidade do desejo

Lacan cita a frase com que termina *A interpretação dos sonhos*: "*o desejo indestrutível modela o presente à imagem do passado,* talvez porque, como a cenoura do burro, ele está sempre diante do sujeito, produzindo sempre retroativamente os mesmos efeitos". A dialética entre a intenção e algo que aparece por retroação a partir do ponto de opacidade no Outro leva Lacan a retomar a afirmação freudiana de que o desejo é indestrutível. Num sentido mais freudiano, o desejo é indestrutível porque alguma coisa do passado comanda o desejo no presente. Em outro sentido, o desejo é indestrutível porque haverá sempre uma defasagem entre o apelo que parte do sujeito e a resposta que retorna do lugar do Outro. O que aparece por retroação é o desejo, questão que não encontra resposta no Outro.

Miller sugere que, no desenvolvimento de seu ensino, Lacan produzirá uma resposta para essas questões ao fazer do objeto a causa do desejo, e não seu atrativo. Ele passa a situar o objeto como estando atrás do desejo, o provocando, o enganchando, o convocando a ser (Miller, 2013). Isso ressalta a lógica *a posteriori* em torno da temporalidade do desejo, pois indica que o desejo não é um conteúdo do passado que se mantém idêntico, repetindo-se indefinidamente, mas um ponto onde se situa para alguém alguma coisa opaca que retorna como tropeço na articulação significante, e que relançará novas ficções.

Autores citados

Deharme, L. (1933). Vœux secrets. Em: *Cahier de curieuse personne*. (27). Paris: Ed. Des Cahiers Libres.

Freud, S. (1996). A interpretação dos sonhos (Parte II). *Edição standard brasileira das obras psicológicas completas*. (Vol. V). Rio de Janeiro: Imago. (Trabalho original publicado em 1900-01).

Freud, S. (1996). A negativa (1925). Em: *Edição standard brasileira das obras psicológicas completas*. (Vol. XIX). Rio de Janeiro Imago. (Trabalho original publicado em 1925).

Renoir, J. (1939). "A regra do jogo" (filme).

Weil, S. (1988). *La Pesanteur et la Grâce*. Paris: Librairie Plon. (Trabalho original publicado em 1947).

Referências na obra de Lacan

Lacan, J. (2002). *O Seminário, Livro 3: As psicoses*. Rio de Janeiro: Jorge Zahar. (Trabalho original escrito em 1955-59).

Lacan, J. (2013). *Le Séminaire livre VI, Le désir et son interprétation*. Paris: Ed. De La Martinière et Champs Freudien Éditeur. (Trabalho original escrito em 1958-59).

Referências de pesquisa

Lacan, J. (1997). *O Seminário, Livro 7: A ética da psicanálise*. Rio de Janeiro: Jorge Zahar. (Trabalho original escrito em 1959-60).

Miller, J.-A. (2010). *Extimidad*. Buenos Aires: Paidós.

Miller, J.-A. (2013). Presentación del Seminario 6. http://nel-medellin. org/blog/presentacion-del-seminario-6-por-jacques-alain-miller

Miller, J.-A. (2014). O Outro sem Outro. http://www.scribd.com/ doc/170317493/El-Otro-Sin-Otro-Jacques-Alain-Miller

Tema 3 - A castração do outro no sonho do pai morto, ou a estrutura do desejo

Patrícia Paterson

Neste capítulo, Lacan recorre ao sonho do pai morto (Freud, 1900-01/ 1996) para indicar como e onde o desejo se articula. No sonho, o sujeito vê o pai aparecer na sua frente, e é atravessado, assinala Lacan, "por uma profunda dor ao pensar que seu pai está morto e que *ele não sabia disso*, e Freud insiste no caráter dessa formulação que soa absurda, diz que pode ser entendida se acrescentarmos que ele estava morto conforme seu anseio" (Lacan, 1958-59/ 2016, p. 104). A dimensão do absurdo reflete uma contradição ligada à própria estrutura do inconsciente, e aponta para uma ignorância necessária à constituição do sujeito no campo do desejo, algo que Lacan diz que soa absurdo, e que, segundo Freud, revela o repúdio a um pensamento recalcado.

Esse sonho traz a marca de um não saber (ou um saber não sabido) que é próprio à entrada do sujeito na dialética do Outro, pela estrutura da diferença que há entre enunciado e enunciação. Se, de início, o sujeito experimenta o não saber pela crença de que o Outro sabe todos os seus pensamentos, a descoberta de que isso não é verdadeiro inaugura a via por onde poderá constituir o seu "não dito", e fundar, assim, a dimensão do inconsciente. É por essa via que Lacan aborda a função do desejo no sonho, situando-o, no grafo, entre a alienação significante e o mais além onde se introduz a dimensão do não dito.

Proposições

A - "Segundo seu anseio", ou a interpretação entre enunciado e enunciação

Lacan retoma a interpretação freudiana para *"Ele não sabia* que era *conforme seu anseio* que ele *estava morto"*. Lacan coloca o *ele não sabia* na linha de baixo do grafo, na medida em que está relacionado essencialmente com a dimensão da constituição do sujeito (Lacan, 1958-59/ 2016, p. 105), isto é, um enunciado que, para ser sustentado, depende da enunciação subjacente veiculada por *"ele estava morto"*. Este último supõe o sujeito introduzido na ordem da existência, ou "a existência aqui, nada mais é que o fato de o sujeito, a partir do momento em que se posta no significante, já que não pode se destruir" (Lacan, 1958-59/ 2016, p. 105). Para interpretar o sonho pela via de uma restituição de seu sentido para o sujeito, Freud acrescentou ao trecho destacado a frase *segundo seu anseio*. O próprio lugar da interpretação no grafo do desejo é revelado desta forma, a saber, entre o enunciado e a enunciação, o que está no enunciado e o que está na necessidade de enunciação. Neste sentido, a interpretação restitui algo da verdade do sujeito, "o que até então estava recalcado e pontilhado no andar superior do grafo" (Lacan, 1958-59/ 2016, p. 108); e daí decorre sua eficácia, uma vez que indica o lugar do sujeito.

A interpretação introduz algo que faz surgir do inconsciente o que estava recalcado, ou seja, que o pai estava morto segundo o desejo do sujeito, e que por isso produzia grande dor para ele, como efeito de castigo. O que Freud mostra é que, dependendo do momento de análise em que se encontra, o sujeito pode até olhar para o fato de que tem conhecimento do seu anseio, ou seja, de que deseja a morte do pai, mas não sem sentir uma dor profunda. É absolutamente necessário que ele mantenha este *"Ele não sabia"*, para evitar saber que mais valeria não ter nascido, pois não há nada no termo final da existência além da dor de existir. Melhor isso do que ver desnudar-se esse derradeiro mistério, que é o conteúdo mais secreto desse anseio. "O conteúdo secreto desse anseio é a castração do pai" (Lacan, 1958-59/ 2016, p. 108). Há algo de radicalmente ligado ao pai quando o sujeito experimenta o desejo de sua morte, que faz com que essa morte aponte para um esgotamento das vias do desejo, o que remete ao mito edípico: o que o sujeito não pode ver, de todo, é que assume essa dor do pai. Afinal, o mistério do sonho, o conteúdo secreto do anseio, é o anseio de castração do pai. É esse anseio, por excelência, que faz retorno sobre o filho no momento da morte do pai, sendo sua vez de ser castrado. Assim, nas palavras de Lacan: "O anseio de castrar o pai, com seu retorno sobre o sujeito, tem um alcance que vai além de qualquer desejo justificável" (Lacan, 1958-59/ 2013, p. 108).

B - A fantasia mais além do Édipo

Lacan enfatiza "trata-se de dar todo o alcance ao que, como antes, vai bem além desse anseio. Esse anseio é, aqui, a máscara do que há de mais profundo na estrutura do desejo tal como o denuncia o sonho, a saber, a necessidade estruturante, significante, que impede o sujeito de escapar da concatenação da existência, na medida em que esta está determinada pela natureza do significante" (Lacan, 1958-59/ 2013, p. 108). Há um encadeamento necessário que se exprime, e não é *seu anseio* que o exprime, e, sim, nada mais que a essência do *conforme*.

Ao tematizar a relação do sujeito com a morte, o sonho evidencia a elisão de um puro e simples significante, em torno da qual subsiste sua própria existência enquanto sujeito do desejo. A aparição do morto quer dizer que o sujeito não está morto, uma vez que pode sofrer no lugar do morto. Mais do que isso, por trás do sofrimento mantém-se a ilusão da rivalidade que a morte do pai atualiza, indicando a dimensão de fixação imaginária ali implicada.

Todavia, na abordagem lacaniana — que difere da de Freud, para quem este é um sonho edípico, ou seja, um sonho que põe em cena a castração do pai —, a função da fantasia vai muito além do sonho edípico. Considerando que o Édipo está ainda no campo do significante, conclui-se que com a fantasia se toca mais além do concernente ao Édipo. A interpretação última verifica a fantasia pela presença irredutível da imagem, que se revela na confrontação com a imagem do pai como rival, como fixação imaginária. Na medida em que aponta para a dimensão da fantasia, o sonho presentifica o real e o afasta ao mesmo tempo. "O sujeito barrado, anulado, abolido pela ação do significante, encontra seu suporte no outro, que é o que, para o sujeito que fala, define o objeto como tal" (Lacan, 1958-59/ 2013, p. 110). É na fantasia que o sujeito mantém a sua existência, através do véu que lhe permite continuar sendo um sujeito de fala. Assim, uma vez que o pai tem a função de encobrir o lugar vazio da origem do desejo, sua morte deixa entrever o ponto cego de sustentação do sujeito na ordem significante.

Autores citados

Freud, S. (1996). A interpretação dos sonhos (Parte II). *Edição standard brasileira das obras psicológicas completas*. (Vol. V). Rio de Janeiro: Imago. (Trabalho original publicado em 1900-01).

Sófocles. Tragédia "Édipo em Colono", em que Édipo pronuncia a frase: "Melhor seria não ter nascido".

Referências na obra de Lacan

Lacan, J. (1998). Posição do inconsciente no Congresso de Bonneval. Em: *Escritos*. Rio de Janeiro: Jorge Zahar. (Trabalho original escrito em 1960, retomado em 1964).

Nesse escrito, Lacan se refere à última frase de Freud em *A interpretação dos sonhos*, também abordada neste capítulo.

Lacan, J. (2005). *O Seminário, Livro 10: A angústia*. Rio de Janeiro: Zahar. (Trabalho original escrito em 1962-63).

Nesse seminário, Lacan trabalha a dimensão da dor de existir, aqui introduzida através da relação do sujeito com a morte.

Lacan, J. (2013). *Le Séminaire livre VI, Le désir et son interprétation*. Paris: Ed. De La Martinière et Champs Freudien Éditeur. (Trabalho original escrito em 1958-59).

VI
Introdução ao objeto do desejo

Mirta Zbrun e Leonardo Scofield

Tema 1 - A fantasia como guia de interpretação do desejo do sonho

Lacan inicia este capítulo referindo-se ao sonho do pai morto e retomando da gramática francesa a importância da "negação", servindo-se dessa referência para afirmar que os termos que encarnam as palavras foraclusivas, ou discordâncias, designam o traço. Lacan localiza a frase *Ele não sabia que ele estava morto* no grafo do desejo, e afirma que a negação migra da enunciação para o enunciado. Lacan parte do sonho como aquele que porta e marca o ponto de incidência real do desejo, e assim interroga a função do desejo inconsciente pela fórmula da fantasia — $ \$ \lozenge a $.

Proposições

A - O desejo de morte no sonho
Lacan evoca o sonho como um afrontamento do sujeito e do outro. Localiza, assim, o desejo do sonho sustentado pela ignorância do próprio sujeito. Nesse ponto ele evoca o desejo de morte em seu sentido pleno, o desejo de não despertar para a mensagem mais secreta que o sonho porta, que é o afrontamento do sujeito à própria morte, da qual, até então, era protegido pela presença do pai. Afrontar a morte é correlato ao afrontamento do x da função paterna, ou seja, à significação da castração.

A relação entre a morte e o despertar pode ser encontrada em um texto chamado "desejo de morte, sonho e despertar" (Lacan, 1974/ 1981, p. 3), no qual Lacan afirma que "é do lado do despertar que se situa a morte".

B - A imagem do objeto como defesa contra o desejo

Lacan retoma três formas através da quais o analista pode reintroduzir na interpretação o *conforme seu anseio* do sujeito. A primeira, no nível do enunciado relativo ao que jamais é esquecido pelo sujeito: *Ele estava morto, conforme seu anseio*. Na segunda, no nível da enunciação, inconsciente, ele restitui traços do desejo infantil da morte do pai, que estava morto, *conforme seu anseio*. Na terceira, Lacan evoca a identificação ao agressor, elidida do *conforme seu anseio*. Esta seria a interpretação pura e simples do desejo edipiano: "Você quis a morte de seu pai em tal data e por tal motivo".

Em seguida, Lacan precisa que, no contexto da vida do sujeito pelo desaparecimento do pai, o desejo desse sonho é, de fato, interpor a imagem do objeto para fazer dela o suporte da ignorância perpétua, velando o desejo. O *ele não sabia* é o álibi do desejo, uma defesa contra o desejo, o que fornece um pretexto moral para não afrontá-lo.

Por fim, Lacan adverte que "sabemos que os sonhos do sujeito em análise são respostas ao analista, pelo menos ao que este se tornou na transferência" (Lacan, 1958-59/ 2016, p. 113); e a duração do tratamento são condições para se chegar aos níveis de interpretação mencionados. Não cabe ao analista precipitar respostas ao desejo do sonho, oferecendo assim ao sujeito a oportunidade de evitar o impasse no qual se coloca a estrutura fundamental que faz do objeto de todo desejo o suporte de uma metonímia essencial.

C - $ ◊ a à prova da fenomenologia do desejo

Neste capítulo 6, Lacan destaca que "já partimos da impotência" para questionar a legitimidade do desejo e identificar o local onde se originam suas peripécias. Ele afirma que o sujeito sempre aliena seu desejo em um signo, em algo que comporte uma possível perda, associando o desejo à dialética da falta. O sujeito teme ser privado de seu próprio desejo.

Cabe ressaltar que, nesse momento do texto, Lacan se refere ao sujeito humano, para além da estrutura, cuja existência é suposta para além do desejo.

O caso da impotência ilustra a relação do sujeito com o objeto na articulação do seu desejo: "ao sujeito humano acontece de ele satisfazer seu desejo, acontece de ele antecipá-lo como satisfeito" (Lacan, 1958-59/ 2016, p. 113). Tal satisfação, que passa a depender do outro que venha a satisfazê-lo, é a manifestação na fantasia da recusa de satisfação pelo sujeito, o que o faz se distanciar da satisfação de seu desejo.

Lacan assinala que "o temor em questão talvez não se refira apenas ao que se poderia chamar de capricho do outro" — capricho tomado do "italiano, onde *capriccio* quer dizer *arrepio*. Isto nada mais é do que a expressão tão apreciada por Freud, *sich sträuben*, que significa *se eriçar*, e que é, como vocês sabem, em toda a sua obra, uma das formas metafóricas sob as quais ele encarna, do modo mais perceptível, sua apreciação da resistência" (Lacan, 1958-59/ 2016, p. 118). Conforme Lacan, "o que o sujeito teme quando se representa para o outro não é essencialmente depender de seu capricho, é que o outro marque esse capricho. O que está velado é isso. Não há signo suficiente de boa vontade do sujeito, a não ser a totalidade dos signos em que ele subsiste" (Lacan, 1958-59/ 2016, p. 118). Isso revela que, no que se refere ao seu desejo, há sempre algo que escapa ao homem radicalmente. Não há outro signo do sujeito senão o signo de sua abolição de sujeito $. Desta forma, pode-se concluir que, face à problemática do significante, por lidar com a suspensão do desejo, o sujeito tem diante de si alguma astúcia, ou seja, a manipulação do objeto a presente na fórmula $ ◊ a. Ao se deparar com a inconsistência do significante, resta ao sujeito defrontar-se com o objeto a.

Autores citados

Ballard, J.-B. (1717). *La clef des chansonniers.*

O livro de Jean-Baptiste-Christophe Ballard registra as duas primeiras estrofes da canção "La mort de La Palice", enquanto as cinco restantes se encontram no "Manuscrito 12.666" da Biblioteca Nacional de França.

Jacques de la Palice foi um nobre e militar francês, Senhor de La Palice, de Pacy, de Chauverothe, de Bort-le-Comte e de Héron, nascido em 1470 e falecido em 23 de fevereiro de 1525. Como Marechal da França no reinado de Francisco I, combateu os exércitos italianos e morreu na batalha de Pavie. Sua popularidade junto aos soldados inspirou várias canções militares. Uma delas, entoada após sua morte, incluía o seguinte verso: "*S'il n'était pas mort il ferait encore envie*" [Se ele não estivesse morto, ainda causaria inveja]. Devido a um mal-entendido na grafia da época, a frase foi deturpada como "*S'il n'était pas mort il serait encore) en vie*" (Se ele não estivesse morto, ainda estaria vivo]. Desse mal-entendido surgiu o termo "*lapalissade*" [obviedade], que designa uma forte evidência, uma situação extremamente clara.

Hoje em dia ainda se encontra uma outra deturpação da frase, "*Un quart d'heure avant sa mort, il était encore en vie"* [Quinze minutos antes de sua morte, ele ainda estava vivo], que viria a inspirar uma canção satírica de Jacques de la Monnoye (sec. XVIII): *"Il est mort le vendredi, passée la fleur de son âge, s'il fut mort le samedi, il eût vécu davantage"* [Ele morreu na sexta-feira, passada a flor da idade, se tivesse morrido no sábado, teria vivido mais].

Damourette, J. & Pichon, E. (1970). La personne étoffée. Em: *Des mots à la pensée. Essai de Grammaire de la Langue Française.* Paris: d'Artrey.

Jacques Damourette (Paris, 1873 - Sarcelles, 1943), linguista francês e secretário geral da importante revista de linguística *Le français moderne.* A gramática francesa de orientação psicológica que escreveu com Édouard Pichon é considerada um monumento da língua.

Referências na obra de Lacan

Lacan, J. (1981). Désir de mort, rêve et réveil. Em: *L'Âne.* (198, N. 3). (Trabalho original escrito em 1974).

O texto é uma resposta de Lacan a uma questão de Catherine Millot, improvisação: desejo de morte, sonho e despertar.

Tema 2 - O impasse da *aphanisis*

Há na relação do sujeito com o significante um impasse essencial: "o de que não há outro signo do sujeito além do signo de sua abolição de sujeito" (Lacan, 1958-59/ 2016, p. 119), conforme assinala Lacan no capítulo 6; e adverte que "o que é próprio dos impasses é que eles são fecundos" (Lacan, 1958-59/ 2016, p. 119). O interesse de Lacan nesse impasse específico — do sujeito em sua relação de abolição, de *aphanisis*, diante do significante — aponta para as ramificações em que o desejo se engaja. Tentaremos destacar essas ramificações pelas diferentes vias que Lacan aponta para se interrogar a *aphanisis*.

Proposições

A - Afânise e castração
A primeira hipótese é de que a *aphanisis* comparece no complexo

de Édipo como um relâmpago, no momento em que o sujeito vê a solução de seu conflito edípico. Essa solução seria atrair para si o amor do pai, diante do qual ele se esconde, desaparece em *aphanisis*, na medida em que receber o amor do pai o remete à castração. Aqui, mediante a *aphanisis*, o desejo se situa no deslocamento de um primeiro objeto, a mãe, para este último, o pai, e diante disso o sujeito recua. Esse deslocamento é exatamente o ponto em que o sujeito pode manter o frágil equilíbrio de seu desejo.

B - Afânise e objeto
Através de sua desaparição, sua *aphanisis* mediante o encontro com um objeto, o sujeito revela um ponto essencial ao redor do qual se desenvolve sua relação com o objeto: trata-se de impedir a satisfação guardando sempre os objetos de desejo. Como a satisfação se afasta no horizonte, o desejo faz com que os objetos tenham mais valor por seu valor de troca do que de uso efetivo.

Autor citado

Jones, E. (1969). Le développement précoce de la sexualité féminine. Em: *Théorie et pratique de la psychanalyse*. Paris: Payot. (Trabalho publicado originalmente em 1927).

Ernest Jones é mencionado por ter sido responsável pelo conceito de *aphanisis* como eliminação do desejo frente ao temor da castração, no artigo acima citado. Lacan, por sua vez, relê o termo como *"fading"*, desaparecimento do desejo e, além disso, apagamento do próprio sujeito.

Tema 3 - Do hipopótamo à mulher: o valor de troca e o valor de uso

No capítulo 19 do seminário 5 (1957-1958/1999 p. 354), ao tratar da questão do que é um significante no nível elementar, Lacan inicia suas observações pelo traço, e exemplifica com a marca do pé de Sexta-Feira que Robinson Crusoé descobre durante seu passeio. Supondo que Robinson Crusoé apague esse traço, neste ato ele introduz a dimensão do significante: a partir do momento em que é apagado, aquilo do qual existe um traço é manifestamente constituído como significado. O significante pode assim se estender a muitos elementos do domínio do sinal; no entanto, ele começa pelo que se apaga do traço. A pergunta é como fazer com que os "objetos humanos", além das pegadas na areia, passem de um valor de uso a um valor de troca.

Proposições

A - O passo do significante ao signo

"Se o significante, portanto, é um vazio por atestar uma presença passada", o significante é um sinal que não remete a um objeto, mesmo sob a forma de rastro, embora o rastro o anuncie e seja sinal de uma ausência. Lacan, nesse momento, diz que quer indicar uma direção que "nos aproxima de nosso objeto, que é o desejo, a partir de sua ligação com a manipulação significante" (1957-1958/1999 p. 354).

O que inaugura o significante é alguma coisa que se coloca como podendo ser apagada, com características próprias do não dito.

B - Do objeto empenhado ao desejo, ou de como ele revela sua função de penhor do desejo

No final do capítulo 6, Lacan diz que começaria evocando "rapidamente em que sentido, no sentido mais geral, essa incidência relativa ao objeto a *minúsculo* de nosso algoritmo recai no que podemos chamar de especificidade instintual, da necessidade" (Lacan, 1958-59/ 2016, p. 123). Quando a interposição do significante torna impossível a relação do sujeito com o objeto, isto é, quando o sujeito não consegue se manter em presença do objeto, já sabemos o que acontece: "o objeto humano sofre essa espécie de volatilização, que, na nossa prática concreta, chamamos de possibilidade de deslocamento. (...) é possível manter o frágil equilíbrio de seu desejo" (Lacan, 1958-59/ 2016, p. 123).

Para delimitar, Lacan responde que tal deslocamento trata de impedir a satisfação e, ao mesmo tempo, de conservar um objeto de desejo. Por outro lado, porém, é também, por assim dizer, um modo de simbolizar metonimicamente a satisfação.

C – De como o hipopótamo empenha seu excremento junto às suas pastagens e de como o homem empenha o objeto que ele virá a ser

A figura do hipopótamo é utilizada por Lacan para falar das dificuldades da sua vida, pois se "o animal guarda sua pastagem com seus excrementos, o homem, por sua vez, não é sua pastagem que ele guarda com merda, é sua merda que ele guarda como caução da pastagem essencial, da pastagem a determinar".

Isso está na base do contrato social e das trocas, da dialética do simbolismo anal revelada pela experiência freudiana: a passagem da natureza à cultura, do animal ao humano. As mulheres são incluídas nessa troca quando engajam o homem na mobilização real do que se chama "prestação do falo", um aluguel de serviços, colocando em jogo a perspectiva do utilitarismo social.

No que se refere ao valor de uso e valor de troca e à valorização e desvalorização do objeto, Lacan sugere a leitura de *Miséria da filosofia, resposta à Filosofia da miséria do Sr. Proudhon*, e o tema das trocas como abordado por Lévi-Strauss, acrescentando que "para ser sucinto, como objeto de troca a mulher é, pode-se dizer, um péssimo negócio para aqueles que realizam a operação, pois isso tudo também nos compromete nessa mobilização real, pode-se dizer, designada como o empréstimo do falo, a locação de serviços" (Lacan, 1958-59/ 2016, p. 122).

Autores citados

Brosse, J. (1958). *L'ordre des choses*. (Prefácio de G. Bachelard). Paris: Plon. (2. ed. Julliard, 1986).

Jacques Brosse (1922-2008) foi um naturalista, historiador das religiões e da filosofia francesa.

Eliot, T. S. (1920). *Poems*. Nova York: Alfred A. Knopf.

T. S. Eliot (1888-1965) foi um poeta modernista, dramaturgo e crítico literário americano. Recebeu o Prêmio Nobel de Literatura em 1948 por sua "contribuição pioneira à poesia contemporânea". A coletânea de poemas citada acima inclui, entre outros, o poema "The Hippopotamus".

Jones, E. (1953-57). *The Life and Work of Sigmund Freud*.

Ernest Jones (1879-1958), neuropsiquiatra e psicanalista, biógrafo oficial de Sigmund Freud, foi aluno de Emil Kraepelin. Introduziu a psicanálise na Grã-Bretanha e foi presidente da Associação Psicanalítica Internacional (IPA). Tornou-se próximo de Freud devido à intensa troca de correspondência entre os dois. Sua biografia *The Life and Work of Sigmund Freud* [*A vida e a obra de Freud*] constitui uma referência incomparável para se compreender o contexto social e político da época, as influências intelectuais, médicas, filosóficas e culturais de Freud e o crescimento do movimento psicanalítico no mundo.

Leclerc, G.-L. (1749-88). *História Natural, geral e particular.* Georges-
-Louis Leclerc, Conde de Buffon, nasceu em setembro de 1707
e morreu em Paris em 1788. Naturalista, matemático e escritor,
suas teorias influenciaram duas gerações de naturalistas, entre eles
Jean-Baptiste Lamarck e Charles Darwin. Com sua obra *História
Natural*, de 44 volumes, pretendeu abordar todo o conhecimento natural disponível em sua época, um estudo comparativo das
ciências analisando os reinos animal, vegetal e humano, com des-
crições científicas e considerações filosóficas.

Lévi-Strauss, C. (1949). *Les structures élémentaires de la parenté.* Claude Lévi-
-Strauss, antropólogo, considerado fundador da antropologia estru-
turalista, nasceu em Bruxelas em 28 de novembro de 1908 e morreu
em Paris em 30 de outubro de 2009. Professor honorário do *Collège
de France*, ocupou a cátedra de Antropologia Social. Publicou uma extensa obra reconhecida internacionalmente, que inclui seus primeiros
trabalhos sobre "os povos indígenas do Brasil", estudo realizado em
campo no período de 1935 a 1939, e sua tese *As estruturas elementares
do parentesco*, defendida em 1948 e publicada em 1949.

Ao introduzir a noção de simbólico, Lacan nos remete a Lévi-
-Strauss, em *As estruturas elementares do parentesco*, onde o autor trata
da troca generalizada, base das estruturas complexas que caracterizam a
sociedade moderna.

Marx, K. (1847). *A miséria da Filosofia.* Karl Marx nasceu em Trier, na Prús-
sia, em 5 de maio de 1818, e morreu em Londres em 14 de março
de 1883. Economista, filósofo e historiador, foi fundador da doutrina
comunista. Marx escreveu *A miséria da filosofia*, publicado em Paris e
em Bruxelas em 1847, uma resposta irônica ao livro *Sistema das Con-
tradições Econômicas ou Filosofia da Miséria*, escrito em 1846 por Pier-
re-Joseph Proudhon, com críticas ao sistema econômico.

Referências na obra de Lacan

Lacan, J. (1985). *O Seminário, Livro 2: O eu na teoria de Freud e na técnica psicanalítica.* Rio de Janeiro: Jorge Zahar. (Trabalho original
escrito em 1954-55).

Lacan, J. (1985). *O Seminário, Livro 3: As psicoses.* Rio de Janeiro: Jorge
Zahar. (Trabalho original escrito em 1955-56).

VII
A MEDIAÇÃO FÁLICA DO DESEJO

Lenita Bentes e Maria Aparecida Malveira

Lacan avança nos seus desenvolvimentos acerca do desejo e sua interpretação. Neste capítulo 7, "A mediação fálica do desejo", ele parte da articulação desejo-sintoma tomando o sonho singular da aparição do pai morto e sinalizando que tentou "situar os elementos desse sonho no que podemos chamar de grafo da inscrição do sujeito biológico elementar, o sujeito da necessidade, nos desfilamentos da demanda" (Lacan, 1958-59/ 2016, p. 132). Nesse sonho, continua Lacan, aparece "o que subjaz e que Freud evoca, ou seja, sua história inconsciente, os antigos anseios de morte contra o pai" (Lacan, 1958-59/ 2016, p. 132).

Ao procurar a origem da dor desse filho, que assistiu os últimos momentos do pai, Lacan descreve a dor da existência "como tal, nesse limite em que essa existência subsiste num estado em que nada mais é apreendido além de seu caráter inextinguível e da dor fundamental que a acompanha quando todo desejo a abandona, quando todo desejo evanesceu dessa existência" (Lacan, 1958-59/ 2016, p. 133), o que torna o sujeito cego.

Para situar o suporte do desejo, Lacan toma a fórmula da fantasia para aproximar o desejo, o sujeito e a mediação fálica do desejo, na perspectiva da fantasia do "Bate-se numa criança", que é o suporte necessário do desejo.

No capítulo 8, "A mensagem da tossezinha", Lacan toma o sonho analisado por Ella Sharpe para falar da interpretação, nos moldes em que Freud a introduziu no que diz respeito à interpretação do sonho.

As fantasias que permeiam a enunciação do sonho no episódio da tosse, seguido pelo latido do cão, mostra que o sujeito enuncia em sua fantasia que "na medida em que estou na presença do Outro não sou ninguém".

No capítulo 9, "A fantasia do cão latindo", Lacan continua sua leitura da interpretação do desejo no sonho, e observa que Ella Sharpe interpreta o sonho linha por linha, como convém fazer.

Os sintomas apresentados pelo sujeito, ligados ao anseio de onipotência, e sua dificuldade com relação aos outros, ou seja, "penar para fazer o que seria necessário", como, por exemplo, vencer uma partida de tênis, indicam "uma dificuldade para manifestar sua potência, ou mais exatamente, seu poder". Lacan faz uma análise minuciosa do sonho acompanhada do relato do sujeito, que nunca está onde se encontra. Enfim, enfatiza a legitimidade de tomar o sonho como sempre foi: a via régia do inconsciente.

Tema 1 - Os sonhos são sonhos de desejo

No final do seminário 19, na leitura da suposição de que "Freud teria dito que todos os sonhos eram sexuais", Lacan afirma que Freud nunca disse isso. O que ele disse foi que "os sonhos eram sonhos de desejo", mas nunca que esse desejo era desejo sexual. E anuncia: "Não existe relação sexual". É por essa razão que há toda uma ordem que funciona no lugar em que haveria essa relação, e é aí, nesta ordem, que alguma coisa é consequente como efeito de linguagem: a saber, o desejo (Lacan 1971-72/ 1985, p. 192).

Proposições

A - A dor de existir como a evanescência do desejo
"Como e onde se articula o desejo, no sonho do pai morto?" interroga Lacan. Nesse sonho, o sujeito vê aparecer na frente dele esse pai que acaba de perder depois de uma doença que constituiu, para ele, longos tormentos. O sujeito é atravessado por uma profunda dor, ali, diante do pai, a dor de pensar que seu pai está morto e *que ele não sabia disso*. Ao procurar a origem da dor desse filho, que assistiu aos últimos momentos do pai, Lacan evidencia a dor da existência como tal, "nesse limite em que essa existência subsiste num estado em que nada mais é apreendido além de seu caráter inextinguível e da dor fundamental que a acompanha quando todo desejo a abandona". Essa dor de existir quando o desejo já não está presente, se foi vivida por alguém, foi sem dúvida por aquele que está longe de ser um estranho para o sujeito, a saber, seu pai; mas o que é certo, em todo caso, é que "dessa dor o sujeito não sabia"

B - O sujeito não sabia que sabia

"O sentido dessa dor de existir não saberemos nunca, se aquele que sentiu essa dor no real sabia ou não sabia seu sentido; mas, em contrapartida, o que é evidente é que o sujeito não sabe o que ele assume, é como tal aquela dor" (Lacan, 1958-59/ 2016, p. 133), assinala Lacan.

Em *Mais, ainda*, Lacan (1971-72/ 1985), destaca que, antes de Descartes, a questão sobre esse saber jamais tinha sido proposta, e foi preciso o advento da psicanálise para que o tema se renovasse. A psicanálise veio nos anunciar que há saber que não se sabe, um saber que se baseia no significante como tal.

No sonho do pai morto, o sujeito não sabe; o sonho, porém, abre para ele a hiância de confrontação pura e simples com a angústia da morte. Lacan afirma que, em linguagem mais grosseira, "a morte do pai é sempre ressentida pelo sujeito como o desaparecimento dessa espécie de escudo, dessa interposição, como substituição do pai em relação ao mestre/ senhor absoluto, isto é, a morte".

Tema 2 - O desejo se inscreve no registro da demanda

Lacan situa o sujeito do desejo a partir da demanda, fazendo uso de um artigo de Ernest Jones para demonstrar que há uma escolha subjetiva implicada nos caminhos do desejo. A fantasia se apresenta nesse contexto como suporte para um desejo que, de outra forma, seria puramente evanescente.

Se o desejo não pode ser articulado, ele é, todavia, articulável via demanda: "É nas teias da demanda que percebemos que o desejo é subvertido em sua ênfase, tornado ambíguo, ele mesmo, por sua passagem pelas vias do significante" (Lacan, 1957-58/ 1999, p. 93).

Proposições

A - O sujeito se situa nos labirintos entre desejo e demanda

Lacan aborda as sucessões pelas quais o sujeito desliza para chegar à ação de seu desejo, e indica que há na neurose uma dificuldade em realizar um deslocamento da posição situada no nível da demanda — posição que ele chama de incestuosa, a-a' — para outra que implica o uso do falo como operador do desejo. Há uma escolha possível entre se situar no nível do desejo ou da demanda. O que está em jogo é a necessidade de renunciar a algo: ou o objeto incestuoso ou seu sexo. Quanto a sustentar a relação do significante fálico na experiência imaginária, está entre o $, sujeito falante, e o *a*, a saber, esse outro que o sujeito fala nele mesmo.

B - A fantasia é o suporte do desejo

Lacan retoma a leitura de "Uma criança é espancada" (Freud, 1919/1996), em suas fases de construção, para destacar que esta fantasia é o suporte do desejo, visando ao outro no seu ser, rebaixado pela violência e pelo capricho paterno. Trata-se da injúria, da destituição subjetiva, do encontro com a primeira punição corporal, que deixa traços. Se nas fases da fantasia a criança não é sempre a mesma, o agente é sempre o mesmo: o pai. O que Lacan destaca é que o sujeito não se encontra na fantasia senão por uma construção. O "eu sou batido pelo pai", segunda fase da fantasia, é a fórmula do masoquismo primordial. É na possibilidade de anulação subjetiva que alguma coisa se descortina para o sujeito, ou seja, é justamente nessa possibilidade de anulação que reside todo o seu ser. A fantasia inclui a dimensão sádica, e o afeto que aí se localiza é atado ao outro, ao parceiro, àquele que está diante do sujeito. O sujeito está entre dois, em junção e disjunção com o objeto. Ele é o personagem essencial da estrutura imaginária do desejo.

C - Os enganos do observador e as imagens reais

Assim como Freud, Lacan parte de um modelo ótico para dar conta da espacialidade do aparelho psíquico, e lida com imagens reais e imagens virtuais. Para o observador, as imagens reais se comportam como objetos, e não como imagens; implicam ilusão de ótica, ou seja, o observador se engana. As virtuais não implicam nenhuma ilusão de ótica, ou seja, comportam-se como imagens.

O modelo ótico faz a apologia das relações recíprocas do imaginário, do simbólico do real. As imagens enganosas do espelho esférico representam o imaginário; a estrutura ilusória do eu mais os objetos inacessíveis, o real; e as leis da produção de imagens, o simbólico. Além disso, o fato de que a ilusão só se produz se o sujeito estiver em determinada posição permite articular esse aspecto da experiência à noção de "cena". É no interior das primeiras identificações do eu que essa relação imaginária se produz, naquilo a que o sujeito se encontrará preso, e que faz com que na relação erótica com o outro haja sempre um ponto de redução, de extrapolação da representação erótica entre os sujeitos. Com seu Estádio do Espelho (1937/ 1998), Lacan aportou uma ferramenta que faltava à teoria do narcisismo de Freud.

O desejo não pode ser articulado, mas é articulável via demanda. O desejo é desejo de desejo, de continuar desejando. É no lugar em que o sujeito procura articular seu desejo que ele se depara com o desejo do Outro como tal. O desejo em sua função inconsciente é o desejo do Outro. A demanda é o que, a partir da necessidade, passa por meio do significante dirigido ao Outro. Encontramos o desejo como articulável na demanda, pois, segundo Lacan, toda demanda é demanda de amor. Nela encontramos o desejo como articulável, e é nas teias da demanda que percebemos que o desejo é subvertido em sua ênfase, tornado ambíguo ele mesmo por sua passagem pelas vias do significante.

Tema 3 - O amor e *Mais, ainda...*

Qual é a transformação nas primeiras identificações do eu, nas relações imaginárias do sujeito com o outro? Lacan destaca a articulação entre o falo e o significante: "o falo está ocupado, alhures, na função significante". Diante do outro, o sujeito se identifica com o falo, mas ele mesmo se fragmenta quando está na presença do falo. No amor, o homem fica verdadeiramente alienado do objeto do seu desejo, o falo; no homem, o desejo está fora da relação amorosa, ensina Lacan.

A forma preenchida dessa relação supõe, com efeito, que o sujeito dá aquilo que não tem, o que é a definição mesma do amor. Por outro lado, para Lacan, a forma ideal do desejo é realizada pelo sujeito quando ele encontra seu complemento na mulher, quando ela simboliza o falo.

Proposições

A - Na direção da falta, o amor é dar o que não se tem

"O amor é dar o que não se tem": nessa enunciação de Lacan, amar é reconhecer a falta e doá-la ao outro. Não é dar os bens, mas algo que não se tem, dar aquilo que vai além de si mesmo.

Miller (2009) interpreta que, de um lado, temos o Outro que tem e é supostamente completo, ou seja, capaz de satisfazer as necessidades; do outro lado, o Outro que não tem. No final do capítulo 7, Lacan descreve "o homem enquanto privado do falo, o homem, que, precisamente, por sua natureza de ser completo, de ser falante, é castrado".

Neste sentido, esse Outro é privado do que dá; então, o amor não é uma questão de ter, mas de ser.

B - Como o amor toca seu ser na mulher

No amor, o homem é verdadeiramente alienado do objeto de seu desejo, que é o falo; no ato erótico, contudo, esse mesmo falo reduz a mulher a ser um objeto imaginário, como assinala Lacan. Por outro lado, a relação da mulher com o homem não deixa de apresentar a mesma ambiguidade, com a ressalva de que a mulher encontra no homem o falo real. A mulher se coloca na relação de satisfação do desejo no plano real; o amor da mulher, não seu desejo, volta-se para um ser que está para além do encontro do desejo — o homem enquanto privado do falo.

Autor citado

Trotsky, L. (1969). *Writings of Leon Trotsky*. New York: Pathfinder Press. (Trabalho original escrito em 1929-40).

Leon Trotsky, cujo nome de batismo era Lev Davidovich Bronstein, nasceu em 1879. Intelectual e revolucionário bolchevique, foi expulso do Partido Comunista Soviético e forçado ao exílio. Recomeçou sua vida no México, onde foi perseguido pelos assassinos de Josef Stálin e morto em 1940.

Referências na obra de Lacan

Lacan, J. (1985). *O Seminário, Livro 20: Mais, ainda*. Rio de Janeiro: Jorge Zahar. (Trabalho original escrito em 1972-73).

Lacan, J. (1992). *O Seminário, Livro 8: A transferência*. Rio de Janeiro: Jorge Zahar. (Trabalho original escrito em 1960-61).

Lacan, J. (1998). Estádio do Espelho. Em: *Escritos*. Rio de Janeiro: Jorge Zahar. (Trabalho original escrito em 1937).

Lacan, J. (1999). *O Seminário, Livro V: As formações do Inconsciente*. Rio de Janeiro: Jorge Zahar. (Trabalho original escrito em 1957-58).

Lacan, J. (2013). *Le Séminaire livre VI, Le désir et son interprétation*. Paris: Ed. De La Martinière et Champs Freudien Éditeur. (Trabalho original escrito em 1958-59).

Referências de pesquisa

Freud, S. (1996). Uma criança é espancada. Uma contribuição ao estudo da origem das perversões sexuais. Em: *Edição standard brasileira das obras psicológicas completas.* (Vol. XVII). Rio de Janeiro: Imago. (Trabalho original publicado em 1919).

Miller, J.-A. (2009). *Lógicas de la vida amorosa.* Buenos Aires: Manantial.

VIII

SOBRE UM SONHO ANALISADO POR ELLA SHARPE

A MENSAGEM DA TOSSEZINHA

Tema 1 - Os dois aspectos da cadeia significante

Patrícia Paterson

Neste capítulo 8, Lacan levanta a seguinte questão: "O que fazemos quando comunicamos um sonho?" De modo geral, um relato comporta, de um lado, o enunciado puro e simples dos fatos; de outro, uma dimensão de enunciação, latente, que não necessariamente é posta em evidência. Então, Lacan pergunta: O que, no conjunto das enunciações possíveis, especifica a enunciação de um sonho?

Proposições

A - O enunciado do sonho comporta um índice de enunciação

Seguindo a tradição freudiana, Lacan sustenta que "a partir do momento em que o sujeito relata um sonho a alguém, a própria enunciação sob a qual produz o enunciado de um sonho comporta um ponto de interrogação que não é qualquer, que pressupõe que haja sob o sonho algo que esse sonho é o significante. Trata-se da enunciação de um enunciado que tem ele mesmo um índice de enunciação, que é ele mesmo suposto de ter um valor, o qual, bem entendido, não é eventual ou factual" (Lacan, 1958-59/ 2013, p. 166). Eis aí a fórmula geral do enigma, segundo a qual todo relato de sonho comporta um índice de enunciação — E (e). Isso se explica pela captura do sujeito na cadeia significante. Na estrutura do grafo, tal como é trabalhado neste capítulo, o enunciado do sonho aparece na parte inferior, como a cadeia significante, e desse enunciado o sujeito precisa fazer um relato, uma enunciação. É preciso, portanto, produzir um discurso onde o sujeito assume seu sonho, e se situa em relação a ele a partir de seu estilo próprio. Esses modos de enunciação situam-se no *Je*, linha fragmentada, descontínua.

B - A fragmentação que se produz pela decomposição significante na enunciação é da mesma natureza da interpretação do sonho

Lacan assinala neste capítulo que a cadeia significante tem dois aspectos. O primeiro é "a unidade de sentido, a significação frasal, o monolitismo da frase, o *holofrasismo*" (Lacan, 1958-59/ 2016, p. 169). Esse aspecto está ligado à retroação do código sobre a mensagem na parte inferior do grafo, dando sentido à frase. A outra face do significante é a associação livre, e diz respeito à decomposição e ao aspecto fonético: trata-se da propriedade segundo a qual algo pode intervir numa frase e fazer saltar um de seus significantes, suplantando-o por substituição; a forma do lapso é o exemplo mais elementar desse aspecto. Implanta-se, assim, um outro sentido. No nível da enunciação, produz-se uma fragmentação que diz respeito a essa decomposição significante, que, sublinha Lacan, é da mesma natureza que a via freudiana da interpretação do sonho, ou seja, a "decomposição significante máxima". Isto quer dizer que, no nível da enunciação, ocorre uma soletração que põe em evidência as possibilidades do sonho, que só podem aparecer pelo entrecruzamento de outras cadeias, o que nada mais é do que o momento em que se faz vacilar a significação atual para deixar outras possibilidades surgirem a partir da enunciação.

Autores citados

Aristóteles. (2005). *Organon*. (Trad. E. Bini). Bauru: Edipro.

A partir da investigação filosófica de Aristóteles, a alteridade passa a ser considerada como o "eu mesmo do sujeito" e não mais Deus. Nesta obra, o filósofo grego faz uma distinção entre o homem individual e o sujeito, mostrando que a substância do sujeito transcende a ele.

Freud, S. (1996). A interpretação dos sonhos (Parte II). *Edição standard brasileira das obras psicológicas completas*. (Vol. V). Rio de Janeiro: Imago. (Trabalho original publicado em 1900-01).

Referências na obra de Lacan

Lacan, J. (1998). A instância da letra no inconsciente ou a razão desde Freud. Em: *Escritos*. Rio de Janeiro: Jorge Zahar. (Trabalho original publicado em 1957).

Neste texto, Lacan trabalha as propriedades da cadeia significante e discute seu modo particular de apropriação do conceito de Saussure.

Tema 2 - O significante e o ser

Paula Legey

Neste capítulo, Lacan afirma que a linguagem ao mesmo tempo introduz a dimensão do ser e a rouba do sujeito. Criada pela demanda, a questão do ser é um produto do discurso, e essa referência ao ser se faz presente ao longo de todo o ensino de Lacan. Uma de suas expressões mais conhecidas é a "falta a ser", em que ele destaca o intervalo cavado pela demanda que faz com que o sujeito busque, sem encontrar, o seu complemento no lugar do Outro (Lacan, 1958/ 1998, p. 633).

Devemos tomar o cuidado de diferenciar o que Lacan chama de "ser" do que é nomeado dessa forma na tradição filosófica. O tema do ser na filosofia é bastante complexo, mas tradicionalmente diz respeito a uma essência fixa. Lacan indica o quanto é problemática a dimensão do ser para o sujeito do significante, o *parlêtre*. No seminário 20, por exemplo, ele afirma que a linguagem nos impõe o ser ao mesmo tempo que nos obriga a admitir que do ser jamais temos nada (1972-73/ 1985, p. 61). Isso corresponde, por um lado, ao movimento de dar significado, e, por outro, à insuficiência da linguagem para nomear o real.

Proposições

A - O ser do sujeito está na fantasia

A demanda produz um intervalo para além dela mesma, onde cava o lugar do desejo. O que está em jogo na demanda não é exatamente aquilo que o sujeito pede, mas a resposta do Outro sobre aquilo que ele é em função desse pedido, ou seja, a resposta sobre seu ser. A fantasia dá suporte ao ser na medida em que delimita uma referência por onde o desejo poderá se situar com relação ao Outro, e por isso Lacan afirma que o ser do sujeito se exprime na fantasia de seu desejo. Nesse momento, a fantasia é entendida como imaginária, ao mesmo tempo em que é situada entre duas linhas no grafo do desejo: a linha da intenção e a outra linha fragmentada, que retorna refratada pela língua, ou seja, entre desejo e demanda.

Lacan afirma que a fantasia quer ser interpretada. Há uma ideia muito presente, ainda que não explícita neste capítulo, de que interpretar é justamente interpretar a fantasia.

B - O afeto se conota em uma posição do sujeito com relação ao ser

O papel da interpretação é restaurar o desejo no discurso do sujeito, e isso acontece através das vacilações no discurso, desenganchando-se de uma significação o que é de interesse do significante. Lacan afirma que "interpretar o desejo é restaurar aquilo a que o sujeito não pode ter acesso por si só, a saber, o afeto que designa seu ser e que se situa no nível do desejo que lhe é próprio" (Lacan, 1958-59/ 2016, p. 159).

O afeto, que pode se apresentar de uma forma opaca ou enigmática para o sujeito, ganha sentido quando conectado ao discurso recalcado. A interpretação permite a restituição de uma cadeia significante, que localiza o desejo e situa o afeto em jogo nessa trama, operação que ressalta a fantasia que fixa o desejo.

Um caso clínico de Ella Sharpe, longamente abordado por Lacan no seminário 6, explicita essas relações entre afeto, fantasia e desejo. Nele, uma aparente ausência de afeto indica a posição do sujeito na presença do Outro: ele se torna ausente, desaparece.

Lacan afirma que o afeto não é algo desconectado do discurso, como pensavam alguns pós-freudianos; mas representa, no interior do simbólico, uma irrupção do real. Sem aprofundar o tema, Lacan aborda a existência de um afeto específico, decorrente da intrusão do desejo na cadeia simbólica, o que podemos entender como um anúncio do que será trabalhado no seminário 10, a propósito da angústia como o afeto que não engana, signo do desejo.

Referências na obra de Lacan

Lacan, Jacques. (1985). *O Seminário, Livro 20: Mais, ainda*. Rio de Janeiro: Jorge Zahar. (Trabalho original escrito em 1972-73).

Lacan, J. (1998). A direção do tratamento e os princípios de seu poder. Em: *Escritos*. Rio de Janeiro: Jorge Zahar. (Trabalho original escrito em 1958).

Lacan, J. (2005). *O Seminário, Livro 10: A angústia*. Rio de Janeiro: Jorge Zahar. (Trabalho original escrito em 1962-63).

Referências de pesquisa

Heródoto. (1964). *L'enquête*. Paris: Gallimard. (Trabalho original escrito em 440 a.C.).

Estreito de Bósforo. Situa-se entre o Mar Negro e o Mar de Mármara e demarca a passagem do continente asiático para o continente europeu. O estreito foi palco de muitas guerras navais, especialmente entre cristãos e muçulmanos. Lacan faz referência a Bósforo para situar o afeto da raiva. Ele afirma que a raiva aparece quando o real irrompe no meio de uma trama simbólica bem articulada, desarrumando a ordem e a lei, e compara a irrupção do real à tempestade no Estreito de Bósforo, que torna o mar revolto e impede a bem planejada partida dos barcos no cais.

Tema 3 - A tosse anuncia um enquadre fantasmático

Clarisse Boechat

Esta é a primeira de cinco lições nas quais Lacan se dedica à análise minuciosa do sonho de um analisante relatado por Ella Sharpe, a fim de sublinhar as fantasias que antecipam e permeiam o relato de um sonho. O sonho se encontra no livro *Dream Analysis*, em que Ella Sharpe (1937) relata as aulas que ministrou para analistas praticantes entre 1934 e 1936, no Instituto de Psicanálise de Londres. Sharpe descreve o paciente como um homem muito polido e acima de tudo controlado, sem que ela pudesse perceber nele quaisquer manifestações de afeto. Esse analisante jamais era ouvido quando subia as escadas para seu consultório. A partir de determinado dia, no entanto, ele começa a se anunciar na sala de espera por uma discreta tosse.

A analista percebe muito rapidamente que nessa tosse há uma manifestação do inconsciente que ultrapassa o sujeito. Ela toma a tosse como o ramo de oliveira que a pomba traz a Noé, anunciando que havia terra seca e vida para além de sua arca. Contudo, Ella Sharpe justifica não ter incidido sobre este ponto por acreditar que poderia destruir a manifestação. No ponto em que Ella Sharpe se detém, o analisante avança e interroga o estatuto de mensagem da tosse.

"Ulysse et Polyphème", afresco de Alessandro Allori, 1560, (Banca Toscana, Florença).

Proposições

A - O sujeito como terceiro que cria obstáculo ao encontro

O paciente diz que essa tosse discreta é algo que se faz quando alguém vai entrar em um quarto onde dois amantes estão juntos, para evitar que sejam pegos de surpresa. O sujeito não apenas tossiu, mas veio dizer dessa tosse a seu analista. A crítica de Lacan é que esse estatuto de mensagem, que ele destaca de sua leitura, é elidido por Ella Sharpe em sua análise do sonho.

Notamos aqui um forçamento que Lacan realiza em sua leitura ao se deter na estrutura dessa cena que ele qualifica de fantasmática, chamando nossa atenção para a presença de duas pessoas, além do sujeito como um terceiro à porta do quarto, ao contrário de Ella Sharpe, que é capturada pela figura dos dois amantes. O ponto principal é que os dois estão juntos enquanto o terceiro está de fora; quando ele entra, os dois não estão mais juntos. Ao se interpor entre o casal, o sujeito denota as dificuldades que ele próprio teria quanto a seu desejo e sua posição sexual, na medida em que estes apontam para sua relação com o falo.

B - O cão como presença de uma ausência: a aphanisis do falo

Na sequência das associações, o analisante se recorda de outra fantasia — *"fantasia de estar onde não deve estar, e latindo como um cão para despistar as pessoas"* (Lacan, 1958-59/ 2016, p. 179). Quem estivesse de fora suporia tratar-se apenas de um cão, ou seja, o analisante supõe o que o Outro poderia pensar e, para apagar as pistas, late. É destacado por Lacan que a finalidade da fantasia é mostrar que o sujeito não está onde ele se encontra e, para tanto, ele se põe a latir como um cão, se ausenta do domínio da palavra, se faz cão. Por outro lado, na medida em que se encontra na presença do Outro ele não é ninguém.

Uma terceira lembrança lhe sobrevém: certa vez um cão se masturbou na sua perna, e ele conta com muita vergonha que não o impediu. Da estrutura da fantasia se depreende que o cão ocupa o lugar do outro imaginário, que se masturba na perna do paciente. Mas o Outro não está ausente, ao contrário: quando ele faz testemunho, o sujeito desaparece de vergonha, e é então situado entre o pequeno outro que não fala — o cão — e o Outro a quem ele vai falar — o analista. É ali, no intervalo entre esses dois momentos, que vai surgir a lembrança do sonho.

No caso de Ella Sharpe, o paciente parece se fazer desaparecer de sua posição: ele não está ali onde se encontra, é cão. Mas, para além dessa desaparição, dessa *aphanisis*, o que parece estar em jogo é uma espécie de escamoteio em relação ao falo. Ao recorrer à *aphanisis*, o paciente faz com que o falo desapareça, obliterando a dimensão de seu desejo em nome de resguardar o falo, como comprovam o sonho relatado na sequência e toda uma série de associações. O ponto que merece ser destacado é o que passa desapercebido para Ella Sharpe, quanto a cernir a localização do falo, que o paciente aponta estar do lado da mulher, como defesa à castração do Outro.

Autores citados

Homero. (1978). *Odisseia*. (Trad. Antônio Pinto de Carvalho). São Paulo: Abril.

Quando Ulisses é ninguém: O encontro de Ulisses com o ciclope ao qual Lacan se refere é narrado no capítulo IX da *Odisseia*, quando Ulisses e seus companheiros, ao se aventurarem pelas terras dos ciclopes em busca de alimentos, são capturados por um deles e presos em sua caverna para serem devorados. Apresentados por Ulisses como seres sem lei, os ciclopes eram também temidos antropófagos que tinham apenas um grande olho no meio da testa.

O plano da fuga consiste em oferecer vinho ao ciclope, que, interessado na bebida, pergunta o nome de quem a oferecia. Ulisses lhe responde: "Ninguém". É esta cena que Lacan toma de empréstimo para comentar o ponto em que o analisante late, ao supor que alguém poderia descobri-lo. Ou seja, à semelhança de Ulisses, se faz passar por "ninguém". Embriagado de vinho, o ciclope adormece, e quando cai no sono tem seu olho furado, como nos mostra o afresco de Alessandro Allori intitulado "Ulisses e Polifemo".

No dia seguinte, quando solta suas ovelhas para pastar, o ciclope toma o cuidado de verificar com as mãos se os homens de Ulisses não se iriam se aproveitar da saída das ovelhas para fugir. Contudo, os homens estavam agarrados aos pelos das ovelhas, de forma que o Polifemo não pode identificá-los. Quando se dá conta da fuga dos prisioneiros, começa a gritar: "Ninguém furou meus olhos e roubou minhas ovelhas".

Sharpe, E. (1937). *Dream Analysis: A Practical Handbook for Psychoanalysts*. London: Hogarth and the Institute for Psycho-Analysis.

Ella F. Sharpe, psicanalista e professora, nasceu em Suffolk, Inglaterra, em 22 de fevereiro de 1875, e morreu em Londres em 1° de junho de 1947.

Referências na obra de Lacan

Lacan, J. (1998). A direção da cura e os princípios de seu poder. Em: *Escritos*. Rio de Janeiro: Jorge Zahar. (Registro do Colóquio de Royaumont, realizado em 1958).

Referências de pesquisa

Sharpe, E. (1930). The Technique of Psycho-Analysis. Em: *The International Journal of Psycho-Analysis* (N. 11, 251-277).

Sharpe, E. (1930). Seven Lectures. Em: *The International Journal of Psycho-Analysis*. (N. 12, 24-60).

Sharpe, E. (1935). Similar and Divergent Unconscious Determinants Underlying the Sublimations of Pure Art and Pure Science. Em: *The International Journal of Psycho-Analysis*. (N. 16, 180-202).

Sharpe, E. (1940). Psycho-Physical Problems Revealed in Language: An Examination of Metaphor. Em: *The International Journal of Psycho-Analysis*. (N. 21, 201-213).

Sharpe, E. (1950). *Collected Papers on Psycho-Analysis*. (International Psycho-Analytical Library, Vol. 29). London: Hogarth and the Institute for Psycho-Analysis.

IX
A FANTASIA DO CÃO LATINDO

Mirta Zbrun e Leonardo Scofield

Tema 1 - A enunciação do sonho, suas interpretações e o outro

Lacan inicia este capítulo retomando a análise que Ella Sharpe faz de um sonho "singular", e evoca os méritos da direção do sentido da análise do sonho e de como ela o interpreta "linha por linha". Porém, chamando a atenção para um aspecto ausente na orientação do sonho tomada por Sharpe, Lacan se refere ao que há de ambíguo no sentido do desejo ligado aos votos de onipotência do paciente em questão. Afirma, assim, que o voto neurótico é sempre de onipotência, de "onipotência do discurso". E completa seu raciocínio evidenciando a onipotência do discurso intermediado pelo Outro que o profere.

Proposições

A - A interpretação não é sustentada apenas pelo conflito imaginário
Lacan trabalha o sonho evocado por Ella Sharpe, que interpreta o voto de onipotência de seu paciente como uma onipotência agressiva. O sintoma do qual fala o paciente não diz de seus fracassos, mas do medo de ser demasiadamente bem-sucedido. E a interpretação de Sharpe não confirma que o paciente sofre de uma dificuldade em manifestar seu poder, sua potência, mas, ao contrário, visa localizar o desejo em relação à demanda.

Lacan se baseia em duas reações do paciente para evidenciar um ponto cego da interpretação: a primeira, quando o paciente traz para a analista, três dias após a interpretação do sonho em questão, o fato de que, depois de tempos imemoráveis de sua infância, havia feito xixi na cama; a segunda reação do paciente, poucos dias depois, foi ter perdido uma partida de tênis para um adversário habitual e ter tido uma crise de cólera contra seu oponente, que debochou dele por ter perdido. Poderíamos descrever essas reações como um *acting out* endereçado à analista.

Lacan lê a interpretação de Ella Sharpe como se fora baseada em ideias preconcebidas, que fundamentaram seu erro. E afirma que ela o interpretou em um grau aquém da complexidade, visto que se baseou apenas no plano da rivalidade imaginária, no conflito de poder.

B - A importância gramatical da leitura do enunciado do sonho

Uma frase do enunciado desse sonho é marcada por Lacan como algo a ser lido cuidadosamente: ao relatar a cena em que uma mulher estava sobre ele com intenção de fazê-lo penetrar seu pênis no corpo dela, o paciente diz que não estava de acordo, mas que "ela estava tão desapontada que eu pensei que devia masturbá-la [*I would masturbate her*]". Lacan chama a atenção para o uso do verbo *masturbate*, utilizado de forma gramaticalmente incorreta. "Masturbar" é um verbo que se conjuga na forma pronominal, "se masturbar", e não da maneira utilizada pelo paciente, em que ele masturbaria outra pessoa. Lacan propõe, assim, outra interpretação: "Ela estava tão decepcionada de não ter meu pênis, ou um pênis, que pensei que *she should masturbate*, e não que eu a masturbaria. Que ela se masturbe!", ele diz.

C - A tosse-mensagem é uma defesa contra a castração do outro

Dentre outros elementos trazidos pelos ensinamentos pedagógicos de Ella Sharpe, Lacan evoca a pequena tosse do paciente que se repetia ao entrar no consultório para sua sessão de análise. Apesar da analista não a ter assinalado, o paciente não pode contê-la, o que o incomoda e o faz interrogar-se sobre o que isso poderia querer dizer, discorrendo a respeito num longo discurso.

O paciente associa a tosse ao fato de, quando jovem, tinha entrado na sala onde seu irmão namorava, e para evitar surpreendê-los, usou a tosse para prevenir o casal de sua chegada. Ella Sharpe enumera os mais diversos sentidos atribuídos pelo paciente a essa pequena tosse, mas Lacan evidencia uma importância para além de todo o sentido que as associações do sujeito possam conter, evidenciando que a tosse tem para o sujeito o estatuto de mensagem, uma tosse-mensagem, e que o paciente se pergunta qual o seu objetivo. Enquanto tal, trata-se de um discurso com trama estrutural a ser analisado, desarticulado, diz Lacan.

Ao se perguntar o que quer dizer a tosse, o sujeito o faz a partir de um Outro, visto que a questão é colocada na medida em que ele se pergunta em análise. Lacan localiza essa tosse-mensagem no grafo e evidencia que o sujeito questiona o Outro que há em si, ou seja, o inconsciente. O que é esse significante do Outro em mim? A douta ignorância do discurso analisante que sustenta essa pergunta confirma que o sujeito está longe de reconhecer que o Outro seja castrado.

Autor citado

Sharpe, E. (1937). *Dream Analysis: A Practical Handbook for Psychoanalysts*. London: Hogarth and the Institute for Psycho-Analysis.

Referências na obra de Lacan

Lacan, J. (1998). Agressividade em Psicanálise. Em: *Escritos*. Rio de Janeiro: Jorge Zahar. (Trabalho original publicado em 1958).

Tema 2 - Não haveria discurso analítico senão referido ao outro

O sujeito se pergunta, a partir dessa posição de inocência ou de "douta ignorância": *O que é este significante do Outro em mim?* Lacan assinala que nessa pergunta há sempre uma mensagem cuja cifra de gozo deverá ser quantificada na experiência analítica. Responder à pergunta sobre o desejo do Outro significa um esvaziamento do gozo fixado nas representações inconscientes assinaladas pelos significantes.

Partindo de sua própria inocência, ou douta ignorância, o sujeito sempre se pergunta sobre esse significante, na medida em que ele é significante de alguma coisa no seu inconsciente. A pergunta que conduz toda a experiência da análise consiste no "esclarecimento" do que é esse significante do Outro. A inocência ou "douta ignorância" do sujeito é uma condição *sine qua non* da análise no deciframento da mensagem que vem do Outro.

É uma mensagem.

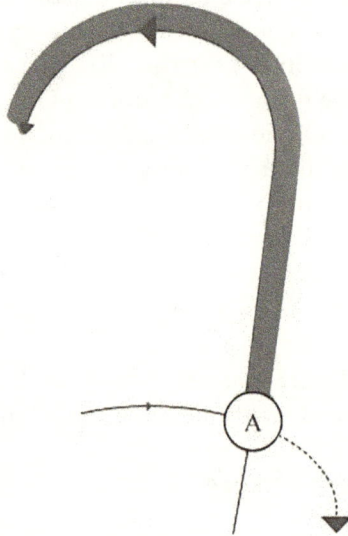

Proposições

A - Como fazer o discurso analítico concernir ao inconsciente, uma vez que ele concerne ao outro
O analista intervém esperando que as reações que virão a seguir possam dar conta do momento em que se possa apontar onde está o desejo localizado em referência à demanda.

B - O desejo está centrado lá onde eu penso que alguém pode pensar
Dentre as interpretações do paciente sobre a tosse discreta há uma fantasia de estar onde não deveria estar, e latir como um cão para despistar as pessoas. Implícita nessa fantasia está a hipótese de que ele poderia despistar as pessoas que o flagrassem no local indevido e que, latindo, poderia se passar por um cachorro, ausentando-se então do local, ou seja, não estando mais onde ele está. Para além da credibilidade dessa fantasia, pode-se destacar a estrutura da frase *"pensar que alguém poderia ter pensado..."* (Lacan, 1958-59/ 2016, p. 179) evidenciada por Lacan, "e é unicamente aí que podemos centrar onde está o desejo" (Lacan, 1958-59/ 2016, p. 179).

C - O sujeito se extrai do significante que não o é

Essa fantasia, na qual o paciente diz que latiria para despistar o outro que poderia pensar que ele estaria no local indevido, deixa claro que, por se tratar de uma fantasia, não estamos lidando com algo compreendido, e que não se sustentaria na realidade, apenas em sua estrutura imaginária.

Para além de seu entendimento, trata-se de analisar a estrutura que essa fantasia revela. Apesar de sua tosse ter o caráter de uma mensagem, não implica sentido algum para o sujeito além de tornar-se um outro. Porém, no caso de se tornar um cachorro latindo, ele não se coloca a questão do que é o significante do Outro. Isso nos revela que ele se torna outro graças ao significante latindo, torna-se algo que ele não é: um cachorro. Finalmente, graças ao significante, o sujeito torna-se outro que não ele mesmo.

D - Saber algo sobre "o que ele me quer" realiza a articulação instantânea entre o outro e o inconsciente

A interpretação de Ella Sharpe destacada por Lacan é aquela em que o há para se dizer a ele, o que se transmite ao paciente, não é provavelmente relativo ao sujeito. Daquilo que o paciente forneceu, há coisas que se deve e coisas que não se deve dizer. As possíveis respostas ao desejo do Outro conduzem sempre a essa articulação entre esse Outro e o inconsciente, lugar da "elucubração de um saber". Mais tarde Lacan o descreve como uma "produção de saber", e ainda assinala que, já que se encontra na posição de "didata", Sharpe saberá apontar àqueles que ensina o material que deverá escolher para sua interpretação.

Autores citados

De Cusa, N. (1440). *De docta ignorantia.*

Nicolas de Cusa, cardeal alemão. Batizado Nicolau Krebs, nasceu em Cusa em 12 de fevereiro de 1440. A obra que mais o notabilizou nos séculos seguintes é *A douta ignorância*, que se tornou emblemática como resposta para o dogmatismo e ceticismo que ameaçam com frequência a aventura humana do saber.

Tema 3 - O vetor do desejo na enunciação do sujeito

Lacan assinala que a fantasia que todo sonho mostra é geralmente contrária à que o sujeito constrói no estado de vigília, de onde se conclui o caráter de enunciação de todo sonho. "O sujeito está longe, e por todos os motivos, de poder reconhecer que o Outro é castrado, assim como não o reconhece em relação a si mesmo". O significante do Outro "é precisamente o que está velado para o neurótico, na medida em que este não conhece sua incidência e ".

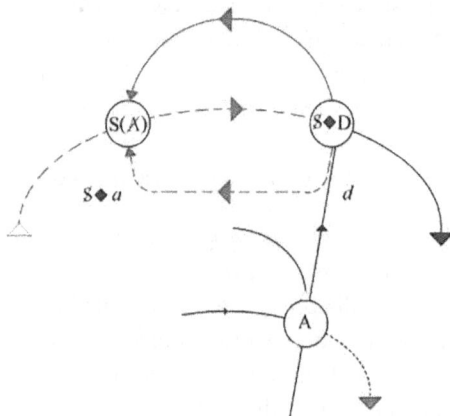

No caso do paciente de Sharpe, o latido é o significante do que ele não é. Ele não é um cão, mas graças a esse significante do que ele não é, na fantasia o resultado é perfeitamente obtido: ele é outro que não aquilo que é.

Proposições

A - O significante da falta no outro não é um significante qualquer

Pela maneira como Ella Sharpe analisa as coisas, Lacan observa que "ela deixa de captar, ou ao menos não destaca o que é importante destacar, ou seja, que o sujeito não tossiu simplesmente, e sim, de certo modo, veio dizer à analista, para sua grande surpresa, como ela mesma aponta: É uma mensagem. Isto ela elide" (Lacan, 1958-59/ 2016, p. 181).

"O que é essa tosse?" Lacan assinala que o sujeito "formula uma questão concernente ao Outro que há nele, a saber, seu inconsciente" (Lacan, 1958-59/ 2016, p. 181). Qual é o significante do Outro? Esse significante é precisamente o que está velado para o neurótico, e ele interroga: *O que é esse significante do Outro em mim?* Na parte superior do grafo, podemos localizar o nível do discurso do Outro que está ali na forma de interrogação:

o que o Outro deseja? Isso, na medida em que o discurso analítico trata sempre do Outro que está no sujeito — a saber, no que concerne ao seu inconsciente. Na medida em que o sujeito se interroga "o que ele quer", o nível de articulação em cada sujeito é sempre instantâneo. O enunciado não é mais inocente quando é feito no interior da análise.

B - O matema da pulsão articula sujeito e demanda na produção do mais-de-gozar

O que se esboça na fórmula da fantasia é que o sujeito parece elidido. Não o sujeito de fato, pois aí há um outro, um outro imaginário, o objeto que Lacan chama de "pequeno *a*". A "pequena tosse" do paciente de Ella Sharpe é uma mensagem. E o que faz com ela o paciente? Mostra sua "fantasia sexual a respeito da analista", justo no momento de entrar num lugar onde há alguma coisa que ele não sabe o que é. Se ele estivesse no lugar do outro, pensaria primeiro em não estar, em ser tomado por outra coisa que não ele mesmo — a saber, se ocultar, se elidir como sujeito no mais-de-gozar da pulsão, sempre acéfala.

Autores citados

Lear, E. (1968). *Poèmes sans sens.* Paris: Aubier-Flammarion. (Trabalho original publicado em 1846, *Book of Nonsense*).

Lewis, C. (1970). *Les aventures d'Alice au pays des merveilles.* Paris: Aubier-Flammarion. (Trabalho original, *Alice's Adventures in Wonderland,* publicado em 1865).

Piaget, J. (1974). *A Epistemologia Genética e a Pesquisa Psicológica.* Rio de Janeiro: Freitas Bastos. (Trabalho original publicado em 1950).

Jean Piaget (1896-1980), epistemólogo suíço considerado um dos pensadores mais importantes do século XX. Criou a epistemologia genética com base no estudo da gênese psicológica do pensamento humano.

Referências na obra de Lacan

Lacan, J. (1998). Subversão do sujeito e dialética do desejo no inconsciente freudiano. Em: *Escritos.* Rio de Janeiro: Jorge Zahar. (Trabalho original publicado em 1960).

Shibboleth é um hábito, um princípio ou crença que distingue um grupo de pessoas ou grupo linguístico em particular, funcionando como um tipo de senha linguística. Traduzido literalmente do hebraico [שבולת], significa "espiga de grãos", ou em outras instâncias "torrente de água". Seu uso moderno deriva de um relato na Bíblia hebraica onde o termo, com pronúncias diferentes, foi usado para distinguir dois grupos étnicos rivais.

X

A IMAGEM DA LUVA PELO AVESSO

Maria Aparecida Malveira, Lenita Bentes e Paula Legey

"Baco com ninfas e Cupido", óleo sobre tela de Caesar van Everdingen, circa 1660.

Nos capítulos 10 e 11 e 12, Lacan prossegue na análise literária do desejo e sua interpretação e do caso clínico publicado pela psicanalista inglesa Ella Sharpe, devido ao "seu caráter excepcionalmente bem elucidado".

No capítulo 10, articula fantasia, sonho, desejo: "o desejo se institui e se fixa em certa relação com a fantasia". A chave de leitura do caso analisado por Ella Sharpe é uma pequena tosse do paciente antes de entrar na sala da analista, além de um sonho relatado por ele na mesma sessão. A fantasia do sujeito se estrutura em torno de uma cena na qual ele se apresenta como outro dele mesmo, "o sujeito evanescente, que desvanece em certa relação com o objeto eletivo". O importante é destacar com Lacan que o desejo não implica uma relação com o objeto pura e simples, mas a posição do sujeito na presença do objeto; e esse objeto é um elemento imaginário, mas não é qualquer um. "A fantasia satisfaz certa acomodação, fixação do sujeito com esse objeto que tem valor eletivo".

No capítulo 11, "O sacrifício da Rainha Tabu", Lacan trabalha a articulação em torno do sonho-desejo-fantasia-interpretação, quanto à interpretação, Lacan faz uma interessante observação ao compará-la a uma espécie de circuncisão psíquica. De fato, trata-se uma operação que circunscreve e destaca o objeto do desejo, demonstrando como a fantasia do sujeito se presentifica na transferência e aponta algo novo, que não pôde ser analisado por Ella Sharpe.

Lacan inicia o capítulo 12, "A risada dos deuses imortais", com uma breve recapitulação do sonho que situa a significação do falo, do Outro e as especificidades da relação do desejo no próprio sujeito. E recorda que na época em que Sharpe redige seu texto, em 1937, o meio inglês era dominado pelas discussões sobre a fase fálica e a função fálica na sexualidade feminina. Lacan situa a fantasia-sonho-*aphanisis*, afirmando que no sonho do paciente de Ella Sharpe, "tudo o que o cerca, a saber, a situação fundamental de uma *aphanisis*, mas não no sentido do desaparecimento do desejo" e sim no sentido substantivo, "é menos *desaparecer* do que *fazer desaparecer*". A *aphanisis*, nesse caso, "consiste em escamotear o objeto em questão, o falo. Se o sujeito não consegue ter acesso ao mundo do Outro, é porque o falo não está posto em jogo, está reservado, preservado".

Com relação ao sujeito do caso clínico de Sharpe, Lacan nos diz que ele "entrega de bandeja" a pergunta que faz a respeito do seu pigarro: para que serve? "Ele é feito para fazer desaparecer algo que deve estar do outro lado da porta". Nessa oportunidade ele se apequena, desaparece. Lacan assinala que "a fonte fundamental da neurose é querer que o Outro seja castrado".

No ensino lacaniano, a revelação da castração na mãe se tornará decisiva na estruturação do sujeito, na medida em que somente assim ele poderá ser deslocado da posição de falo imaginário para assumir uma posição desejante. Tudo isso fornece as bases para as lições seguintes, nas quais, através de uma leitura de *Hamlet*, Lacan formula que "não há Outro do Outro".

Tema 1 – A articulação fantasia-sonho

Lacan avança na análise do desejo e sua interpretação do sonho, neste capítulo, com ênfase especial no uso da noção de desejo, que ele localiza no duplo andar do grafo, mostrando o percurso da enunciação e dos elementos interpretáveis na cadeia de significante, que resta fragmentada. Ao articular a cadeia significante, o sujeito traz à luz esses elementos — cavados pela demanda, aquém e além dela —, produzindo um intervalo no qual se manifesta o desejo.

Ao evidenciar a "fantasia cuja confissão constitui o prefácio, o prelúdio do sonho" enunciado pelo sujeito, Lacan fala de sua "tosse--mensagem", que serve como alerta para um casal isolado num quarto que poderia estar se amando. E ele mesmo se imiscui entre esse casal. Nas associações, aproxima-se de uma fantasia do passado: "latir como um cachorro, disfarçando sua presença". O conteúdo é evidente: "esse sujeito nunca está onde se espera, escorrega de um ponto a outro, numa espécie de jogo escamoteador". Latindo, ele se anuncia como outro, como sujeito barrado pelo significante; ele não pergunta qual é esse significante do Outro nele, mas faz uma fantasia, se faz outro com a ajuda de um significante. O latido é o significante daquilo que ele não é — ele não é um cão —, e graças a esse significante, o resultado é perfeitamente satisfatório: ele é outro do que ele é — o que, por seu lado, tem todas as características de uma fantasia.

O sujeito parece elidido; não é mais ele mesmo, na medida em que há aí um outro imaginário, o pequeno *a*. Lacan observa que, no sonho, o que estava colocado em primeiro plano era um objeto, um elemento imaginário. A seguir, o sujeito lembra o episódio real de um cachorro se masturbando na sua perna, e relata a vergonha que ainda sente por nada ter feito para que ele parasse, pois alguém poderia ter entrado. Lacan revela que nesse ponto podemos focar onde está o desejo.

Proposições

A - Pensar a fantasia como um enodamento entre o simbólico, o imaginário e o real
Do passo a passo dos desdobramentos da fantasia no ensino de Lacan, elaborado por Jacques-Alain Miller (2011, p. 137), selecionamos a passagem na qual Miller destaca que Lacan, no ápice de seu ensino, centra a operação analítica sobre a fantasia. Miller assinala que, conforme Freud

tinha mostrado em "uma criança é espancada", a fantasia é a solução encontrada por Lacan para a questão resultante da reintrodução do real na estrutura da linguagem. Após vários desdobramentos, Miller nos diz que Lacan selecionou a fantasia como o lugar eleito pelo paradoxo constituído na união entre o significante e o gozo.

A fantasia freudiana localizada na frase "*uma criança é espancada*", provém da linguagem e, portanto, do simbólico. Em segundo lugar, ela é uma cena; só se fala de fantasia quando há uma representação; logo, se alcança também o imaginário.

A elaboração lacaniana da fantasia acompanha um mais-de-gozar. Ela é, assim, uma condição de gozo, nos diz Miller, na qual o registro do real está implicado. Em outras palavras: fantasia é o nome de um enodamento entre o simbólico, o imaginário e o real, e, por consequência, entre o significante e o gozo. Acompanhar Lacan na análise literária do desejo e sua interpretação no sonho do paciente de Sharpe neste capítulo X conduz nossa escuta à captura do sentido do desejo e de sua interpretação.

B - Soletrar o sonho nos ensina algo sobre a justa interpretação do desejo

Ao confrontar a fantasia desse sonho do paciente de Ella Sharpe, Lacan evidencia que, ao relatar seu sonho, o sujeito está na enunciação, na assunção do sonho, conforme dito por Freud no que se refere à via da interpretação de um sonho. Dos entrecruzamentos entre a cadeia significante e todas as outras, o que se articula nos significantes recalcados é sempre uma demanda. A demanda recalcada é mascarada no ser do sujeito, que se exprime de um modo fechado na fantasia do seu desejo.

Esse sonho nos ensina o que deve ser feito para soletrar um sonho, no sentido de tomar o sonho como a via real para o inconsciente. "Um sonho tem o caráter de um discurso. No momento em que sonhamos, não há nada nele que faça aparecer a fragmentação, a decomposição do significante". Lacan ensina a reconhecê-la, e destaca "a decomposição significante máxima, a soletração dos elementos significantes. Essa soletração destaca as possibilidades do sonho" (Lacan, 1958-59/ 2016, p. 158).

Lacan adverte que todas as suas críticas à abordagem da analista Ella Sharpe foram elaboradas no intuito de nos ensinar a soletrar a direção de um certo número de inflexões que se encaminham para a justa interpretação do desejo. Assim, Lacan nos apresenta uma orientação fundamental no que se refere à articulação do sujeito na busca de seu desejo.

Sabemos que o desejo não implica uma relação pura e simples com o objeto, e a posição que o sujeito adota na presença desse objeto é um dos alvos da experiência analítica, atingir tal posição é um dos objetivos do ato analítico. Pode-se acrescentar que o objeto *a* inventado por Lacan é um dos elementos da fantasia. O objeto *a*, como escreve Lacan, "é o trilho por onde chega ao mais-de-gozar, o de que se habita, mesmo se abriga a demanda a interpretar" (Lacan, 1964/ 1985, p. 273).

Tema 2 - O desejo, a linguagem e o ser do sujeito

Lacan localiza o desejo na "linguagem pura e simplesmente *inquisitiva* da demanda, linguagem que se articula quando o sujeito responde à pergunta sobre o que quer e se constitui em relação ao que é um intervalo". A distinção entre necessidade, demanda e desejo é estabelecida mais uma vez: "o desejo na medida em que é uma reflexão, um retorno" desse esforço face à fantasia, ou seja, "a relação do sujeito evanescente, que desvanece em certa relação ao objeto eletivo. A fantasia acomoda essa fixação em relação a um objeto que tem um valor eletivo" (Lacan, 1958-59/ 2016, p. 192).

Proposições

A - O desejo se acomoda entre o significante do outro barrado e a significação do outro
Lacan define a fantasia que "encontra seu lugar no grafo do desejo, a meio caminho entre S(Ⱥ), significante do Outro barrado e s (A) significado do Outro". Essa é a definição da fantasia, na medida em que o desejo tem que se acomodar a ela. Quanto ao objeto do desejo, trata-se de uma certa posição do desejo face a um objeto que não está diante dos olhos. Lacan faz do objeto fantasmático uma causa do desejo, e não seu atrativo: "Um objeto que provoca o desejo, o engancha, convoca-o a ser. Tal objeto é desencadeador do desejo e não seu alvo" (Miller, 2013, p. 4).

B - O objeto fantasmático causa o desejo
Além do objeto, há outra coisa que é claramente transparente para o sujeito e que não é nem um pouco fantasmática, não é nem uma necessidade, não é uma impulsão; mas é sempre da ordem do significante, algo fechado e enigmático para o sujeito. Por exemplo, "*Continuo pensando no capuz*", diz o sujeito, no que Ella Sharpe chama de "o fio cardeal da significação do sonho": o sonho trazia uma fantasia masturbatória.
Lacan faz uma analogia interessante quanto à interpretação ana-

lítica, dizendo que esta nada mais é do que uma espécie de operação de "circuncisão psíquica". A analogia se deve ao sonho analisado nessa lição. "Esse tipo de perpétua presença e não presença do sujeito tem ainda outra face, também encontrada na masturbação na medida em que ela já implica a presença de certo elemento fêmea" (Lacan, 1958-59/ 2016, p. 209), que mais tarde será invocado na feminização desse sonhador.

Autores citados

Klein, M. (1997). A psicanálise de crianças. Em: Obras Completas de Melanie Klein (Vol. II, A psicanálise de crianças). Rio de Janeiro: Imago. (Trabalho original publicado em 1932).

Melanie Klein nasceu em Viena, em 1882, e faleceu em Londres, em 1960. A partir de 1923, passou a se dedicar integralmente à psicanálise e, aos 42 anos, iniciou uma análise de 14 meses com Abraham. Em 1924, no VIII Congresso Internacional de Psicanálise, Klein apresentou o trabalho "A técnica da análise de crianças pequenas".

Sharpe, E. (1930). The Technique of Psycho-Analysis. Em: *The International Journal of Psycho-Analysis* (N. 11, 251-277).

Ella Freeman Sharpe (1875-1947) foi pioneira da psicanálise britânica. Entre outros textos, escreveu artigos sobre "sublimação e desilusão" e sobre a técnica da Psicanálise.

Referências na obra de Lacan

Lacan, J. (1985). *O Seminário, Livro 11: Os quatro conceitos fundamentais da psicanálise*. Rio de Janeiro: Jorge Zahar. (Trabalho original escrito em 1964)

Lacan, J. (2003). *Outros escritos*. Rio de Janeiro: Jorge Zahar.

Referências de pesquisa

Miller, J.-A. (2011). *Perspectiva dos Escritos e Outros escritos de Lacan. Curso Psicanalítico de J.-A. Miller, anos 2008-2009*. Rio de Janeiro: Zahar.

Miller, J.-A. (dez. 2013). Uma reflexão sobre o Édipo e seu mais além. Em: *Opção Lacaniana*. (N. 67, 12).

XI
O sacrifício da Rainha Tabu

"Retrato de Valentine", óleo sobre tela de Roland Penrose, 1937.

Tema 1 - A tosse como apagamento do sujeito diante da ameaça daquilo que, no desejo do outro, aponta para a castração feminina

Clarisse Boechat

Na quarta lição consecutiva dedicada à análise do sonho do paciente de Ella Sharpe, Lacan extrai do relato do sonho aquilo que ele denomina "o salto seguinte", aquele que Ella Sharpe não pôde dar. O salto se refere a tomar o falo como o elemento que está em jogo no complexo de castração; no caso relatado, ressalta Lacan, a castração em jogo seria, em última instância, a do Outro materno.

Neste sentido, a discreta tosse apresentada pelo paciente quando estava prestes a entrar no consultório do analista se prestava a fazer desaparecer, apagar aquilo que poderia haver do outro lado da porta, quer dizer, aquilo que no desejo do Outro aponta para a castração feminina. O falo é então preservado, mantido fora de jogo para que não se corra o risco do reencontro com a castração. A mulher do paciente, assim como sua analista e, por fim, sua mãe, são os significantes através dos quais a posição fálica se desloca, evidenciando que o significante fálico é equivalente àquilo que se produziu primeiramente em sua relação com sua mãe, conforme assevera Lacan.

Proposições

A - Em Ernest Jones, a "aphanisis" é o desaparecimento do desejo
O termo *aphanisis* foi resgatado pelo psicanalista inglês Ernest Jones, célebre biógrafo de Freud, responsável, em grande parte, pela difusão de suas ideias na língua inglesa. Oriunda do grego, a palavra *aphanisis* significa "desaparecimento". No debate acerca da fase fálica no contexto dos anos 1930, do qual participaram Freud, Horney, K. Abraham, M. Klein e H. Deutsch, dentre outros, Jones propõe a expressão *"aphanisis* do desejo", apresentada originalmente numa conferência pronunciada em Innsbruck em 1º de setembro de 1927, por ocasião do X Congresso Internacional de Psicanálise.

A tese de Jones foi formulada da seguinte maneira: se o medo da castração é a base de todas as neuroses, então sua significação real é a *aphanisis,* isto é, a abolição total e permanente da capacidade de gozar. Jones afirma que ambos os sexos temem a *aphanisis*; entretanto, o mecanismo segundo o qual ela se estabelece é distinto para cada um. O homem deseja obter a satisfação num ato, mas "não ousa, por medo de que esse ato seja seguido do castigo da *aphanisis*, da castração, o que significaria para ele a abolição permanente do prazer sexual" (Jones, 1933/ 1997, p. 401).

Em seu texto *"Le développement précoce de la sexualité féminine"* Jones coloca os termos *aphanisis* e castração como equivalentes, no sentido da abolição da capacidade de gozar. Lacan, contudo, fará um outro uso do termo, referindo-se ao desaparecimento do sujeito quando dividido, ao passo que Jones o utiliza para se referir ao desaparecimento concernente ao desejo (Lacan, 1958-59/ 2016, p. 214).

B - Em Lacan, aphanisis é o desaparecimento do sujeito, índice de sua divisão pela linguagem

Ao se voltar à *aphanisis*, Lacan discorre não sobre o desaparecimento do desejo, mas sobre o apagamento do sujeito, onde este declina de seu desejo, desaparece, entra em *fading*. No caso relatado por Sharpe, antes de entrar no consultório o analisante imagina que ela está se masturbando e tosse para preveni-la, dar-lhe tempo de fazer desaparecer as marcas de qualquer desejo, de modo que ele não tenha que colocá-las em jogo. A esse respeito, Lacan assinala que, "o sujeito não quer negar o falo à mãe. O sujeito recusa a castração do Outro" (Lacan, 1958-59/ 2016, p. 214), posição que sua analista ocupa como falo idealizado. A tosse do sujeito ocorre porque "ele não quer pôr Ella Sharpe numa outra posição que não seja a posição de falo idealizado" (Lacan, 1958-59/ 2016, p. 256).

Valendo-se de uma metáfora relativa ao jogo, Lacan diz que "ele não quer perder sua rainha". Lacan evidencia que é do lado da dama que esse sujeito coloca toda a potência, e desse lado nada deve ser mudado. Na medida em que ele tosse para fazer com que as marcas desapareçam, é ele mesmo que entra em *aphanisis*, desaparece. Lacan, no entanto, entende a *aphanisis* não como um medo de que o desejo falte, tal como sustentado por Jones, mas como uma operação realizada pelo sujeito para "guardar o desejo no bolso" — assim como um jogador "guarda uma carta na manga" — ao preço de desvanecer.

Autor citado

Jones, E. (1997). Le développement précoce de la sexualité féminine. Em: *Théorie et pratique de la psychanalyse*. Paris: Payot. (Trabalho original publicado em 1933).

Tema 2 - A dama no jogo de xadrez

Paula Legey

Em uma conhecida passagem de seus escritos sobre a técnica, Freud comparou uma análise a um jogo de xadrez (Freud, 1913/ 1996, p. 139), indicando a importância dos movimentos iniciais e dos movimentos finais do processo analítico. No xadrez, apenas as aberturas e finais de jogo podem ser exaustivamente estudados; na psicanálise, esses dois momentos são objeto de estudos e divergências. Lacan localiza a transferência no início e, no fim, o ponto de obstáculo para Freud — o passe. No capítulo 11 do seminário 6, do qual estamos tratando, Lacan aponta que, na análise do caso clínico de Ella Sharpe, ela diz que "a análise poderia ser comparada ao jogo de xadrez". Ao falar do lugar de Sharpe na interpretação, Lacan assinala que "nessa observação, são suas próprias intenções que se exprimem no registro do encurralar" (Lacan, 1958-59/ 2016, p. 225), alguma coisa parece emperrada pelo fato de ela ocupar a posição do pai que encurrala, que coloca o paciente em xeque. Lacan indica que o que está em questão é a posição da analista como objeto fálico, que o analisante tenta sustentar a todo custo. Isso toca em um ponto aparentemente não analisado da analista, o que aparece como um entrave no tratamento.

Proposições

A - O analista como objeto fálico
Em seu texto "Análise terminável e interminável", Freud afirmou que o fim da análise do neurótico esbarra no obstáculo da castração (Freud, 1937/ 1996, pp. 268- 269). Mais tarde, no seminário 10, Lacan afirma que não é necessário que uma análise termine nesse ponto, sugerindo que o limite indicado por Freud se prende a algo não analisado na relação do analisante com o analista quanto à função do objeto parcial. Precisamente, o limite se instaura quando a posição do analista como objeto na transferência deixa de ser analisada. A rocha da castração é um obstáculo, mas também uma passagem: será obstáculo se não for levado em conta que há algo que se apresenta para além dos limites do simbólico; e será passagem porque é a partir do objeto como não representável no simbólico que o desejo poderá agir no sujeito. Assim, esse mais além da angústia de castração não é facilmente identificável, porque se situa em outro lugar, difícil de se localizar na medida em que

é o lugar do analista enquanto objeto, a um só tempo exterior e interior ao eu — objeto *a*.

Esse ponto é abordado por Lacan no capítulo 11, ainda que não tão extensamente elaborado como será no seminário 10, a propósito do caso relatado por Ella Sharpe. No sonho em questão, o paciente tenta preservar o falo a todo custo, representado por sua mulher. O parceiro feminino enquanto Outro é o que sustenta para o sujeito o segredo de sua potência, e domina a economia de seu desejo. Lacan indica que "sua mulher é, neste caso, a analista". Todo o cuidado de Sharpe em não ser excessivamente ativa nas intervenções com o analisante revela o que de fato é sua intenção: encurralá-lo, dar-lhe xeque-mate, tomar o falo para si. Há algo da fantasia do paciente que não é analisado, e se repete na relação transferencial. Na relação fantasmática com seu desejo, é preciso que ele seja amarrado, apertado, enrolado, para que a potência fálica se mantenha em outro lugar. É esse lugar fálico que é ocupado pela analista, sem que ela própria perceba.

B - Quando perder a dama é perder o falo

Falando sobre o caso de Ella Sharpe, Lacan afirma que "o sujeito não quer perder sua rainha, por imaginar que perder a rainha é perder a partida". A rainha é posta fora de jogo porque perdê-la seria perder o falo, exatamente aquilo que o sujeito busca a todo custo preservar. Nesse caso, o sujeito se comporta como um mau jogador de xadrez, pois o que está em questão nesse jogo não é perder ou não a rainha, mas chegar ao final da partida. Sacrificar a rainha facultaria ao analisante alguma possibilidade de movimento.

A evitação da castração no Outro ata o sujeito à armadilha narcísica, na qual, ao se agarrar ao falo imaginário, ele fica impedido de se movimentar. Esse tema será desenvolvido por Lacan no seminário 10, no qual ele retoma muitos dos temas expostos neste seminário 6. Também nesse seminário Lacan afirma que a angústia não surge exatamente quando o sujeito se depara com sua própria castração, mas quando se depara com a castração no Outro. Miller indica que no seminário 6 Lacan constrói a noção do Outro barrado, a castração sob a forma de que não há Outro do Outro. Há um corte promovido nesse seminário que se refere a um desmantelamento da metáfora paterna. O objeto *a* será uma forma de Lacan nomear um gozo não absorvível pelos conceitos de metáfora paterna e castração.

A pequena tosse do analisante antes de entrar na sala de Ella Sharpe visa protegê-lo de enxergar nela a castração. Ao anunciar sua chegada à analista, ele visa mantê-la na posição fálica. A analista consente nesse engodo, o que faz Lacan indicá-lo como o aspecto de contratransferência que Ella Sharpe não consegue analisar.

Autores citados

Carroll, L. (1889). The Mad Gardener's Song. Em: *Sylvie and Bruno.*

Lewis Carroll (1832-1898), poeta e romancista inglês. Lacan cita versos de seu poema "The Mad Gardener's Song".

Fenichel, O. (1981). *Teoria psicanalítica das neuroses.* São Paulo: Atheneu. (Trabalho original publicado em 1945).

Otto Fenichel (1897-1946), médico, aluno de Freud. Escreveu o manual *Teoria psicanalítica das neuroses*, mencionado por Lacan.

Referências na obra de Lacan

Lacan, J. (2005). *O Seminário, Livro 10: A angústia.* Rio de Janeiro: Jorge Zahar. (Trabalho original escrito em 1962-63).

Referências de pesquisa

Freud, S. (1996). O início do tratamento (escritos sobre a técnica). Em: *Edição standard brasileira das obras psicológicas completas.* (Vol. XXIII). Rio de Janeiro: Imago. (Trabalho original publicado em 1913).

Freud, S. (1996). Análise terminável e interminável. Em: *Edição standard brasileira das obras psicológicas completas.* (Vol. XXIII). Rio de Janeiro: Imago. (Trabalho original publicado em 1937).

Miller, J.-A. (2014). O Outro sem Outro. http://www.scribd.com/doc/170317493/El-Otro-Sin-Otro-Jacques-Alain-Miller

XII

A RISADA DOS DEUSES IMORTAIS

Leonardo Scofield

Tema 1 - A relação entre o falo e o objeto e o sujeito e o outro

Lacan inicia o capítulo analisando novamente o sonho relatado por Ella Sharpe. Desta vez, enfatiza a cena do sonho que ocorre *"com uma mulher, diante da sua mulher"* (Lacan, 1958-59/ 2016, p. 232). Em suas associações, a mulher está tentando *to get my penis*. O verbo em inglês é desmembrado por Lacan em suas diversas significações — *obter, apanhar, pegar, acabar com* —, entre elas a que sugere que a mulher quer obter o pênis. Além disso, o equívoco já apresentado anteriormente a respeito do verbo *to masturbate* é evocado pelo sujeito como uma verificação da ausência do falo na mulher. Com esse exemplo, Lacan evidencia a necessidade de um método mais prudente e estrito para se chegar a uma maior precisão nas interpretações, e adverte que a estrutura imaginária "deveria pelo menos nos obrigar a limitar um pouco a extensão que damos ao registro do significante" (Lacan, 1958-59/ 2013, p. 232). Partimos, assim, para uma investigação sobre a função do falo como significante.

Proposições

A - O falo tem função de significante
Lacan se refere à teoria de Melanie Klein, que atribui ao falo o caráter de mais importante dos objetos, o objeto falo. Ela mesma o descreve como um substituto - afirma Lacan, que, no entanto, interroga se a prevalência do objeto falo é testemunho das crianças ou se é a própria Melanie Klein que atribui ao objeto o sentido de falo.

Lacan se interroga também sobre a relação entre o falo e o grande Outro, afirmando que o falo teria uma relação com o ser do sujeito, e não do Outro. Ele articula esses três elementos em duas versões diferentes: trata-se, para o sujeito, de ser o falo em relação ao Outro, ou da relação com o falo estar previamente estabelecida no Outro -como para a mãe, por exemplo, que já tem uma relação com o falo - restando ao sujeito apenas concorrer com este falo. O sujeito às vezes é este falo, noutras não o é, e por isso o falo joga com a função significante: o sujeito é o falo porque este é o significante, tal como a linguagem o designa; e ele não o é, pois a lei da linguagem o ultrapassa.

B - Em relação ao falo, o sujeito não é sem tê-lo

Ter o falo ou ser o falo são duas formas distintas e possíveis da relação entre o sujeito e o significante. Não se pode ser e ter ao mesmo tempo, o que implica na condição de renunciar a tê-lo para sê-lo. Trata-se aqui do sujeito falante que se submete às leis da linguagem, o que exige dele uma escolha forçada entre ser ou ter o falo.

Lacan localiza um momento decisivo na relação do sujeito com a castração, ou seja, com a função significante do falo. Através do equívoco em torno do verbo *être* [ser], Lacan afirma que o sujeito é e não é o falo, mas que *"Il n'est pas sans l'avoir"*, ele não é sem tê-lo. Esta dupla negação permite colocar em evidência o *"il n'est pas sans"*, "ele não é sem".

C - A distinção das posições feminina e masculina com relação ao falo

No seminário 6, quando se refere à formula *"il n'est pas sans l'avoir"* como sendo válida para o homem, Lacan começa a diferenciar aquilo que se tornará o quadro da sexuação no seminário 20, "Mais, ainda". Do lado feminino, a fórmula se opõe como o falo na relação: *"elle est sans l'avoir"*, "ela é sem tê-lo". É nesta fórmula exata que Lacan propõe a posição transcendente da mulher na relação com o falo, se referindo a esse caráter irredutível sublinhado por Freud através da fórmula do *Penisneid*.

Referências na obra de Lacan

Lacan, J. (2013). *Le Séminaire livre VI, Le désir et son interprétation*. Paris: Ed. De La Martinière et Champs Freudien Éditeur. (Trabalho original escrito em 1958-59).

Lacan, J. (1985). *O Seminário, Livro 20: Mais, ainda.* Rio de Janeiro: Jorge Zahar. (Trabalho original escrito em 1972-73).

Tema 2 - A mãe kleiniana e seus impasses

As considerações de Lacan neste capítulo levam a postular a existência de uma mãe kleiniana. Ao assinalar que, para Melanie Klein, a criança tem uma série de relações primeiras que se estabelecem com o corpo da mãe, representando uma experiência primitiva, Lacan propõe a concepção de uma mãe como objeto primeiro e absoluto. Relatos de casos clínicos de Klein, como o caso Dick e o caso Richard, confirmam a ideia de que a mãe leva a consolidar essa relação entre o símbolo e a imagem. Nos textos de Klein, encontramos a relação entre a imagem (da forma) e o símbolo, um mérito da concepção kleiniana das primeiras relações de objeto. Porém, a crítica de Lacan avalia que tal relação é sempre promovida a um conteúdo imaginário, ou seja, permanece no registro imaginário.

Proposições

A - O corpo da mãe modela a relação símbolo-imagem

A partir do despedaçamento de uma relação com aquilo que representa o exterior da criança — o conjunto de todos os objetos despedaçados, fragmentados, que se apresentam numa espécie de desordem primitiva —, a criança progressivamente aprenderá a identificar a "unidade" do objeto. Conforme assinala Lacan, esse objeto privilegiado que lhe fornece a "forma una" é o corpo da mãe. Desse "objeto-mãe" ela irá apreender sua própria unidade, e moldar sua imagem corporal. É por meio dessa relação símbolo-imagem que o sujeito virá a alcançar o simbólico, mais além do imaginário que lhe foi dado pelo corpo da mãe.

B - Como a mãe-mulher se insere na representação do grande Outro

A mãe-mulher no lugar desse primeiro grande Outro é castrada; mas para a criança não aparece como tal, e não poderá, por si mesma, esclarecer esse fato. Desse modo, o momento em que o Outro castrado desloca o infante da posição de falo imaginário da mãe se tornará decisivo na estruturação do sujeito. Esse grande Outro é aquele que porta o significante que tem todos os valores — a saber, o falo. Lacan destaca a leitura feita por Klein da evolução de uma menina, quando a autora assinala que o significante falo concentra primitivamente todas as tendências que o sujeito pôde ter nos estados oral, anal e uretral. Considera ainda que, antes mesmo que possamos falar de genital, o significante falo concentra todos os valores, acumulando especialmente os valores pulsionais e as tendências agressivas.

C - A resistência do analista formaliza a resistência à castração do outro

Segundo Lacan, Ella Sharpe não percebe o motivo pelo qual se proíbe de fazer com que seu paciente verifique a castração do Outro, e nisso residiria sua resistência como analista, pois, na medida em que o sujeito não pode colocar em jogo o significante falo, e quando este permanece inerente ao Outro, o sujeito se encontra em *fading*. Desse modo, em todos os casos nos quais encontramos uma resistência do sujeito, tal resistência deve ser concebida como resistência do analista.

Autores citados

Klein, M. (1959). *La Psychanalyse des enfants*. Paris: PUF. (Trabalho original publicado em 1932).

Klein, M. (1959). Le retentissement des premières situations anxiogènes sur le développement sexuel de la fille. Em: *La Psychanalyse des enfants*. (209-248) Paris: PUF. (Trabalho original publicado em 1932).

Tema 3 - O ser da mãe lacaniana

Mirta Zbrun

Postular o ser da mãe lacaniana supõe conceber a saída da fantasia primordial $ ◊ a como o retorno do que se ordenará a partir de um conflito profundamente agressivo — aquele que colocou o sujeito em relação com o corpo da mãe. Lacan se pergunta se é a criança, de fato, que traz o testemunho da prevalência do objeto falo, ou se, ao contrário, ela nos dá o sentido do significante falo, da sua presença. Pergunta-se também onde se deve colocar o signo do falo nos diferentes elementos do grafo, em torno do qual ele tenta, nesse seminário, orientar a experiência do "desejo e de sua interpretação". Considerar a mãe como sendo uma mulher seria a única maneira de comprovar que "a mãe é o falo sem tê-lo", relação do sujeito feminino com o falo — a saber, "ser sem ter".

Proposições

A - Sobre como acontece a relação entre o falo e o lugar do Outro, como lugar da palavra

Lacan considera que é na inflexão de "não ser sem" [*n'être pas sans*], em torno da assunção subjetiva entre o ser e o ter, que se dá a realidade da castração. O falo toma seu valor central na medida em que o pênis do sujeito, numa certa experiência, adquire na relação com o objeto uma função de equivalência, ou de aferidor. O sujeito entra em posse de um tipo de infinidade, de pluralidade, de totalização (omnitude) do mundo dos objetos, que virá caracterizar o mundo do homem. Porém, ele deve estar em proporção com uma certa renúncia de sua relação com o falo, o que se denomina "castração".

B - Sobre a transcendência da posição de "ser o falo sem tê-lo", no que diz respeito à sexualidade feminina

A transcendência da posição de "ser o falo sem tê-lo" diz respeito à sexualidade feminina. Esta relação tão particular, tão permanente, em cujo caráter irredutível Freud insistiu, se traduz, psicologicamente, sob a forma do *Penisneid*. Para Lacan, todo o progresso primitivo em Melanie Klein é essencial ao desenvolvimento da criança, é onde ela se apercebe dos objetos fragmentados deste mundo que lhe é exterior, e também a unidade de um objeto privilegiado — a mãe como objeto materno — que lhe proporcionará sua própria unidade.

C - Como a mãe lacaniana, mais além da mãe kleiniana, integra a criança em seu mundo de insígnias

A crítica lacaniana à mãe kleiniana se concentra no valor que será dado à unidade do ser da criança advinda da mãe, na medida em que a criança se identifica com uma posição do seu ser a partir dos poderes da mãe. A criança se realiza como unidade, mais além da divisão "mundo externo-mundo interno" e "seio bom-seio mal", proposto pela teoria kleiniana. Esta é a importância das primeiras relações concernentes à mãe, na medida em que a criança se integra de um modo satisfatório no mundo de insígnias que representam os comportamentos da mãe. A partir daí, ao passo em que se situa de um modo favorável, a criança poderá se colocar, seja no interior de si ou fora dela mesma, mesmo lhe faltando alguma coisa que está ocultada. Poderá se situar em relação às suas próprias tendências, a seus próprios desejos. Porém, desde a primeira relação ela poderá estar mais ou menos desviada, com suas próprias pulsões.

Lacan lembra a experiência crucial do famoso exemplo em *Confissões*, de Santo Agostinho, a criança que vê seu irmão de leite em posse do seio materno:[2]

Eu vi com os meus olhos e conheci bem um pequenino, vítima da inveja. Ele ainda não falava e já contemplava com um olhar amargo (envenenado) seu irmão de leite. Quem não terá testemunhado isso? Dizem que as mães e as amas tentam esconjurar esse defeito com não sei que práticas. Mas poder-se-á considerar inocência o não suportar que se partilhe a fonte do leite, que mana copiosa e abundante, com quem está tão necessitado do mesmo socorro, e que sustenta a vida apenas com esse alimento? Mas costuma-se tolerar indulgentemente essas faltas, não porque sejam insignificantes, mas porque espera-se que desapareçam com os anos. Por isso, sendo tais coisas perdoáveis em um menino, quando se acham em um adulto, mal as podemos suportar. (Agostinho, 397-400 d.C.)

D - A presença da mãe na cena primitiva do paciente de Ella Sharpe

Neste capítulo, Lacan assinala, com relação ao caráter agressivo do falo no sujeito, que "tudo indica que ele conservou a posição que ele teve num momento de sua infância". Na cena primitiva de seu paciente, Ella Sharpe o interpreta "no sentido de dizer que tem certamente relação com alguma cena primitiva, com o coito dos pais". Essa copulação, diz ela, "ele sem dúvida nenhuma interrompeu, ou chorando ou por algum incômodo intestinal". E Lacan interpreta que "é aí que ela reencontra a leve cólica que substitui a tossezinha no momento de bater na sua porta, o que lhe parece ser uma prova que confirma sua interpretação".

Lacan assinala que isso não está garantido. O que é uma leve cólica? Lacan responde que "é quando o sujeito solta o que tem no interior do corpo, ou porque ele é pequeno, ou na medida em que algo de um sintoma transitório se produz em eco ao que se passa na análise".

Autores citados

Agostinho, A. (397-400 d.C.). Os pecados da primeira infância. Em: *Confissões*. (Livro I, Cap. VII).

Aurélio Agostinho, dito de Hipona, conhecido como Santo Agos-

---

2 Do latim: *uidi ego et expertus sum zelantem parvulum: nondum loquebatur et intuebatur pallidus amaro aspectu conlactaneum suum.*

tinho, foi um bispo, escritor, teólogo, filósofo e padre latino, doutor da Igreja Católica. Em *Confissões*, relata sua vida antes de se tornar cristão e sua conversão. Comentando sua própria obra, Agostinho diz que a palavra "confissões", mais do que confessar pecados, significa "adorar a Deus".

Klein, M. (1996). A importância da formação de símbolos no desenvolvimento do ego. Em: *Obras Completas de Melanie Klein*. (Vol. I: Amor, culpa e reparação e outros trabalhos. 1921-1945). Rio de Janeiro: Imago. (Trabalho original publicado em 1930).

Melanie Klein nasceu em Viena em março de 1882 e morreu em Londres em 1960. Entre 1929 e 1946 realizou a análise de Dick, um menino autista de cinco anos. Em 1930, começou as análises didáticas e o atendimento de adultos. Em 1932, publicou a famosa obra *A psicanálise da criança*, em inglês e alemão. Em 1936, realizou a conferência sobre "O desmame" e em 1937 publicou *Amor, ódio e reparação*, com Joan Rivière. Junto com seus discípulos, elaborou finalmente sua teoria sobre a psicanálise no início dos anos 1940.

Referências na obra de Lacan

Lacan, J. (2013). *Le Séminaire, Livre VI: Le désir et son interprétation*. Paris: Ed. De La Martinière et Champs Freudien Éditeur. (Trabalho original escrito em 1958-59).

Lacan, J. (1998). Subversão do sujeito e dialética do desejo no inconsciente freudiano. Em: *Escritos*. Rio de Janeiro: Jorge Zahar. (Trabalho original publicado em 1960).

SETE LIÇÕES SOBRE *HAMLET*

Sir Laurence Olivier em "Hamlet: Príncipe da Dinamarca", de William Shakespeare, 1948.

XIII
O ATO IMPOSSÍVEL

Patrícia Paterson

Nas próximas páginas ter-se-á acesso aos resultados das pesquisas realizadas sobre os capítulos 13, 14, 15 e 16. Lacan começa a desenvolver sua instigante análise da tragédia de Shakespeare, descortinando a estrutura do desejo na psicanálise e revelando o conflito psíquico próprio à constituição do sujeito do desejo. O tema de *Hamlet*, promovido por Freud a um estatuto equivalente ao de Édipo, foi retomado por inúmeros autores desde então. Lacan se dedicou à retomada da tragédia a fim de aprofundar suas elaborações acerca do complexo de castração e discutir suas articulações no percurso de uma análise.

Nas "Sete Lições Sobre *Hamlet*" que se iniciam no capítulo 13, "O ato impossível", Lacan vai se servir de *Hamlet* para "reforçar uma espécie de elaboração do complexo de castração" (Lacan, 1958-59/ 2016, p. 257). Freud mostrou que, no Édipo, os desejos infantis aparecem e se realizam como nos sonhos. Neste sentido, *Hamlet* teria as mesmas raízes, com a diferença de que os efeitos do recalcamento deixam claras as diferenças culturais entre as duas épocas. A mesma temática é posta em cena, mas com destinos muito diferentes, por conta da impossibilidade do protagonista de realizar o ato intencionado: vingar a morte de seu pai. *Hamlet* não consegue se vingar de um homem que eliminou seu pai e tomou seu lugar junto à sua mãe.

Cláudio é a verdade de *Hamlet*; ele realiza o desejo de *Hamlet*. O ser ou não ser diante do qual *Hamlet* se coloca sustenta o lugar tomado pelo *fantasma* [*Ghost*] de seu pai, que se confessa "surpreendido pela morte, na flor de seus pecados". A eterna procrastinação permanece como uma das dimensões essenciais da tragédia de Hamlet.

É preciso situar nesse desejo o que está na sua fantasia, "o eixo, a alma, o centro, a pedra de toque do desejo"; e Lacan identifica a personagem Ofélia como "uma das criações mais fascinantes já propostas à imaginação humana, drama do desejo".

Segue-se o capítulo 14, "Armadilha do desejo", dedicado ao exame das principais posições assumidas pelas críticas a *Hamlet*. Lacan indica que o contexto histórico no qual a tragédia foi encenada pela primeira vez foi um contexto de mudança pela morte da rainha Elisabeth. Apesar disso, e dos inúmeros escritos psicanalíticos acerca da tragédia, pouco se levou em conta este fato, havendo uma maior preocupação em se discutir os aspectos psicológicos e interpretar o personagem *Hamlet,* ao invés de se buscar compreender a obra em seu conjunto. Em oposição a essa perspectiva, Lacan recorre ao importante artigo de Ernest Jones, "O complexo de Édipo como explicação do mistério de *Hamlet*", em que este discorre sobre o que considera as duas principais posições da crítica e inclui uma terceira, propriamente psicanalítica, que se baseia na aposta de que o conflito reflete a contradição interna à tarefa de *Hamlet*. Ainda que o sujeito pretenda realizá-la, ele a repugna por alguma razão que desconhece. Assim, Lacan mostra que é justamente o fato de ser a tragédia do desejo o que distingue a tragédia de *Hamlet*.

O primeiro passo propriamente analítico consiste "em transformar a referência psicológica numa referência não a uma psicologia profunda, mas a um ordenamento mítico, cujo sentido é supostamente o mesmo para todos os seres humanos".

Hamlet ensina algo sobre a estrutura do desejo: é preciso que se encontre o desejo, ou seja, embora o sujeito seja marcado por ele em sua constituição, sua posição de sujeito do desejo precisa ser construída. A tarefa de matar Cláudio, e assim vingar a morte do pai, atualiza para *Hamlet* o desejo inconsciente de substituir o pai no afeto da mãe, de modo que a estrutura mítica de Édipo é posta em cena pela tragédia shakespeariana. Lacan se baseia também no artigo no qual Otto Rank trabalha a função da cena dentro da cena, artifício utilizado por Shakespeare na segunda cena do ato II, quando *Hamlet* decide organizar uma peça encenando uma situação análoga à que teria ocorrido com seu pai, ou seja, o assassinato de um homem por seu irmão, que depois lhe tomaria a esposa e o reino. O intuito de *Hamlet* com a encenação é "apanhar a consciência do rei", ou seja, observar a reação de Cláudio ao assistir à cena para determinar sua culpa ou inocência.

Há, porém, outra verdade que se revela nessa encenação, e que diz respeito ao desejo do próprio *Hamlet*, que coloca em cena seu próprio desejo como ficção. Rank enfatiza a identificação de *Hamlet* com seu tio; portanto, o que *Hamlet* manda encenar é ele mesmo assassinando o rei. Desse modo, dois planos do desejo de *Hamlet* são levados ao palco: um, em que ele executa a tarefa que procrastina, e outro, mais sutil, em que se revela o desejo de *Hamlet* de matar o rei e tomar seu lugar ao lado da mãe.

Por fim, o capítulo XV, "O desejo da mãe", retoma a importância do objeto feminino, que no capítulo anterior tinha sido introduzido através de Rank com sua afirmação de que *Hamlet* identifica Ofélia à sua mãe. Para Lacan, o que há de primordial em *Hamlet*, para além do caráter biográfico que pode ser investigado, é a equivalência entre sua estrutura e a estrutura do Édipo. O que Lacan nomeia "valor de estrutura" de uma obra se sustenta pelo seu conjunto, por sua articulação como tal. O que toca e emociona seus leitores e espectadores é "o lugar que ela nos oferece, pelas dimensões de seus desenvolvimentos, para nele alojar o que é em nós retido, a saber, nossa própria relação com nosso próprio desejo". Lacan identifica o "efeito *Hamlet*", que se faz presente porque o personagem traz "alguma coisa que é o lugar vazio onde situar nossa ignorância" — ignorância aí empregada no sentido de presentificação do inconsciente, de modo que o efeito de *Hamlet* está no espaço vazio que compõe seu discurso, oferecendo um lugar ao desejo inconsciente de cada um que o lê.

Hamlet pode ser uma composição, uma estrutura tal que nela o desejo encontra seu lugar correto, um lugar para todos os desejos, onde todos os problemas da relação do sujeito com o desejo podem se projetar. Para Lacan, seria suficiente ler dessa forma a tragédia do personagem. Seguindo a peça, percebemos que *Hamlet* lida o tempo todo com o desejo; levando em conta o lugar onde está na peça, o desejo não é por sua mãe, mas pelo "desejo de sua mãe". Dessa cena, que funciona como pivô da peça, interessa-nos destacar que *Hamlet* sai dela outro, um novo sujeito: produz-se em *Hamlet* esse momento singular, no qual ele pode assumir seu desejo.

Lacan indica ainda que temos aí um problema que pode ser articulado para além da formulação freudiana: a questão do luto do objeto perdido. Se o luto ocorre em razão de uma introjeção do objeto perdido, deverá haver uma condição prévia para que ele seja introjetado: ele deve ser constituído enquanto objeto, ou seja, alguma separação já deve ter se operado.

Tema 1 - O falo é "esse anel" que não está em lugar nenhum e nunca será encontrado.

Maria Aparecida Malveira

No capítulo 12, Lacan trabalha a função do falo em sua análise estrutural das especificidades do sonho do paciente de Ella Sharpe na dialética do desejo, os elementos significantes, as ramificações estruturais da fantasia, seus impasses, e os diferentes elementos sintomáticos.

Na articulação sonho-falo-fantasia no sonho, Lacan destaca do lado do sujeito "o falo, esse anel que não está em lugar nenhum e nunca será encontrado". Nas notas do tradutor, este esclarece que o termo utilizado em francês foi traduzido por "esse anel" por estar mais próximo da brincadeira de criança conhecida como "passa-anel" — "guarda meu anelzinho, bem guardadinho" —, na qual o anel, escondido entre as palmas das mãos, passa de mão em mão.

Evocando o talento de Raymond Queneau, Lacan lembra "a epígrafe de seu livro *Zazie dans le Métro*: "Ὁ πλάσας ἠφάνισεν - *Aquele que o fabricou o fez desaparecer,* ele dissimulou cuidadosamente suas fontes".

Muito prestigiada na França, *Zazie dans le Métro* narra as andanças da menina Zazie, vinda do interior para Paris pela primeira vez nos anos 1950. Sob os cuidados do tio Gabriel, Zazie tem duas obsessões: andar de metrô e ganhar a tão sonhada calça jeans. Como não consegue ter acesso ao metrô por causa da greve, o que frustra suas expectativas, sai a pé pela cidade provocando confusão.

Lacan acrescenta que é na medida em que o falo não é posto em jogo — em que é reservado, preservado —, na medida em que o sujeito não pode ter acesso ao mundo do Outro, aí mesmo é que o falo não é esquecido no jogo em que foi reservado, preservado.

Em seu escrito de 1958, "A significação do falo" (1958/ 1998a), Lacan esclarece que na doutrina freudiana o falo não é uma fantasia, caso se deva entender por isso um efeito imaginário. Tampouco é um objeto como tal — parcial, interno, bom, mau etc. —, na medida em que esse termo tende a desprezar a realidade implicada numa relação. E é menos ainda o órgão que ele simboliza, pênis ou clitóris. Não foi sem razão que Freud extraiu-lhe a referência de simulacro que ele tinha para os antigos.

O falo é um significante, um significante cuja função na economia intrassubjetiva da análise levanta, quem sabe, o véu daquela que ele mantinha envolta em mistérios. O falo é o significante destinado a designar, em seu conjunto, os efeitos de significado, na medida em que o significante os condiciona por sua presença de significante (Lacan, J. 1958/ 1998a, p. 696).

Proposições

A – "O sujeito, como há muito tempo ensina a doutrina, quer manter o falo da mãe"
Ainda no capítulo 12, agora na articulação falo-Outro, Lacan assinala que "há, com efeito, uma relação entre o falo e o Outro" e que o ponto novo e importante a tratar neste momento é "no tocante à introdução do sujeito na dialética do falo" que, "como a doutrina ensina desde o princípio, quer se manter como falo da mãe". Para ambos os sexos, a mãe, mais primordialmente, é considerada como provida de falo, como a mãe fálica. O sujeito denega, recusa a castração do Outro. Não há nada mais neurotizante do que o medo de perder o falo ou o medo da castração. A mola fundamental da neurose é não querer que o Outro seja castrado.

Ainda na conclusão da análise do sonho do paciente de Ella Sharpe, Lacan evidencia as consequências que dizem respeito à estrutura do desejo humano a partir da estrutura do desejo da mãe, situando o falo precisamente no lugar da identificação primitiva, da identificação com a mãe. O falo é o significante do desejo do Outro, é efetivamente o que o sujeito não quer negar à mãe.

Em "A juventude de Gide ou a letra e o desejo", partindo de sua leitura do livro que Jean Delay consagrou à juventude de André Gide, Lacan (1958/ 1998b) analisa a posição do desejo de Gide, daí seu valor paradigmático. Juliette Rondeaux, mãe de Gide, era uma mulher rígida, que se dedicou a proteger e amar seu único filho. Mas ele não tinha lugar no seu desejo, não foi capturado no desejo da mãe. Lacan considera que, entre a morte e o erotismo masturbatório, o menino Gide só tem do amor a fala que protege e a que interdita; ao levar seu pai, a morte levou aquele que humaniza o desejo, e por isso, para ele, o desejo fica confinado no clandestino (Lacan, 1958/ 1998b, p. 739).

Gide costumava passar as férias na casa de sua tia Matilde Rondeaux, casada com o irmão de sua mãe, e em *A porta estreita* ele narra seu encontro com essa tia. Lacan assinala que assim, em seu imaginário, ele se torna o filho desejado, compensando o que lhe faltou no desejo da mãe. Mas essa transformação vem apenas como resíduo de uma subtração simbólica, que se fez no lugar onde o menino, confrontado com a mãe, só pôde reproduzir a abnegação de seu gozo e o invólucro de seu amor. O desejo deixou ali somente sua incidência negativa, para dar forma ao ideal do anjo, que não poderia ser roçado por um contato impuro (Lacan, 1958/ 1998b, p. 765). Gide se casa com sua prima Madeleine. Mas o desejo não poderia ir para ela, porque Gide identificava nela "o amor embalsamado" que recebera da mãe.

Amor e desejo estão dissociados. O desejo pode ir para a esquerda ou para a direita, mas ainda é desejo. Gide tinha desejo pelos rapazes; mas também tinha desejo pela mulher com quem teve uma filha, Madeleine Rondeaux, e se dedicou a lhe enviar as mais belas cartas de amor jamais escritas. Lacan assinala que a função dessas cartas era se tornarem o falo que completaria Madeleine.

B - A fantasia é o eixo, a alma, o centro, a pedra de toque do desejo.
Neste capítulo, Lacan indica que começará a soletrar *Hamlet*, de Shakespeare, uma grande obra trágica, que desde o início havia sido promovida por Freud a um lugar equivalente ao tema edipiano. Freud pensava em Édipo como um lugar onde se organiza a posição do desejo. "No Édipo, os desejos da criança aparecem e são realizados no sonho"; em *Hamlet*, estes mesmos desejos de criança "estão recalcados".

O drama do príncipe da Dinamarca se abre pouco depois da morte misteriosa de um rei que foi muito admirado, o ideal tanto de rei como de pai, como assinala *Hamlet*. A versão aceita é de que uma serpente o picou. Muito rapidamente, a mãe de *Hamlet* se casa com Cláudio, seu cunhado, objeto de todas as execrações do herói central, motivadas por sentimentos de rivalidade e por tudo aquilo de que ele suspeita no caráter escandaloso dessa substituição, já que *Hamlet* foi afastado do trono por esse tio.

O pai aparece então como um fantasma, para revelar a seu filho as condições de sua morte — um atentado — e lhe dar a tarefa de vingá-lo. Mas *Hamlet* não consegue se vingar do homem que descartou seu pai e tomou seu lugar junto à mãe. Cláudio é um aspecto de *Hamlet*, o desejo que ele realiza é o desejo de *Hamlet*. Os dois são rivais, e Cláudio fez o que *Hamlet* não ousou fazer.

O "ser ou não ser" diante de quem *Hamlet* se coloca serve para encontrar o lugar tomado por aquilo que seu pai lhe disse enquanto fantasia, surpreendido pela morte "na flor de seus pecados". Trata-se aqui, assinala Lacan, de encontrar o lugar tomado pelo pecado do Outro, o pecado não pago pelo Outro.

Desejo e fantasia são termos usados para contextualizar o gozo tratado por Lacan no final dos anos 1950, um resultado do modo como o real é posto a serviço da cadeia significante, como assinala Miller: "As pulsões não só se estruturam em termos de linguagem (...), são capazes de metonímias, substituições e combinações" (Miller, 2011, p. 227). Em suas reflexões sobre a orientação lacaniana, Miller nos ensina a ler em Lacan que a fantasia é o real para o sujeito, não só porque ela volta sempre ao mesmo lugar, mas porque não o abandona, e condiciona todos os fluxos das significações. A fantasia ocupa o lugar do real, no sentido de que o real da fantasia vela o real como tal, enquanto o oculta. A fantasia é a janela para o real, ou, como nos diz Lacan nessa introdução ao drama de *Hamlet*, é o eixo, a alma, o centro, a pedra de toque do desejo.

Autores citados

Carroll, L. (1865). *Alice no País das Maravilhas.*

Charles Lutwidge Dodgson, mais conhecido por seu pseudônimo Lewis Carroll, nasceu em Daresbury, em 27 de janeiro de 1832, e faleceu em Guildford, em 14 de janeiro de 1898. Romancista, contista, fabulista, poeta, desenhista, fotógrafo, matemático e reverendo anglicano, Carroll lecionava matemática no Christ College, em Oxford. É autor do clássico *Alice no País das Maravilhas*, além de outros poemas escritos em estilo *nonsense* ao longo de sua carreira literária, que além de seu teor político são considerados como precursores da poesia de vanguarda, em função das fusões e da disposição espacial das palavras,.

A propósito do falo idealizado, Lacan indica que ainda em 1958 voltaria a Lewis Carroll, em *Alice in Wonderland* (1865) e *Through the Looking-Glass* (1871), para falar dos avatares fálicos.

Queneau, R. (1999). *Zazie dans le métro.* Paris: Éditions Gallimard Jeunesse. (Trabalho original publicado em 1959).

Raymond Queneau (1903-1976) nasceu em Le Havre, na Normandia, único filho de Auguste Queneau e Joséphine Mignot. Formou-se em 1919 em latim e grego e depois, em 1920, em filosofia, com pós-graduação na Sorbonne (1921-1923). Como autor, Queneau se destacou na França com a publicação de seu romance *Zazie dans le métro* (1959), adaptado para o cinema por Louis Malle em 1960, um dos expoentes da *Nouvelle Vague*. *Zazie* explora a linguagem coloquial, opondo-se ao francês escrito na época.

Referências na obra de Lacan

Lacan, J. (1998a). A significação do falo. Em: *Escritos*. Rio de Janeiro: Jorge Zahar. (Conferência proferida em 1958).

Lacan, J. (1998b). A juventude de Gide ou a letra e o desejo. Em: *Escritos*. Rio de Janeiro: Jorge Zahar. (Trabalho original publicado em 1958).

Lacan, J. (1986). *Hamlet por Lacan*. São Paulo: Escuta. (Fragmento das anotações de Octave Mannoni, cotejadas com o texto publicado em *Ornicar?*, N. 25, 1982 & N. 26 e 27, 1983).

Referências de pesquisa

Miller, J.-A. (2011). *Perspectiva dos Escritos e Outros escritos*. Rio de Janeiro: Jorge Zahar.

Tema 2 - Os escrúpulos de consciência

Lenita Bentes

Cláudio assume uma posição dupla em relação a *Hamlet*, ou seja, a de um rival. Num segundo nível, Cláudio faz o que *Hamlet* não tem a ousadia de fazer — em nome dos escrúpulos de consciência? Se todas as condições estão postas para que *Hamlet* aja, ele, no entanto, se encontra impedido, por estar despossuído dos sentimentos de rivalidade. Conforme Lacan, há aqui uma grande simplicidade: o que tentamos articular em algum lugar do inconsciente é o desejo. Da mesma forma que *Hamlet* se expressa em Cláudio, Shakespeare se expressa em *Hamlet*: pela via da procrastinação do desejo como um traço fundamental do qual *Hamlet* está afetado, e que o mantém impedido. No impedimento, o sujeito é pego na armadilha, fica impedido de se ater ao seu desejo, que nada mais é do que uma duplicação da inibição.

Proposições

A – O veneno hebenon é a toxidez do que se ouve
O fantasma do rei e do pai idealizado envenena *Hamlet* com o

escândalo de uma substituição em condições dramáticas de traição. O atentado pelo ouvido metaforiza o que *Hamlet* não pôde deixar de escutar, dito por seu inconsciente, que já o sabia. *Hamlet*, intoxicado, deve vingar o pai. A palavra o envenena, e *Hamlet* fica impedido de praticar o ato. Há aí um particular que tem um valor mais universal: *Hamlet* está envenenado pelo saber. Édipo não sabia, mas *Hamlet*, sim. Cláudio é a verdade de *Hamlet*.

B - O sarcasmo da crueldade de Hamlet responde ao feminino: Ofélia

Quanto ao barômetro da posição de *Hamlet* em relação ao desejo, o drama do objeto feminino, o drama do desejo do mundo para ambos os sexos, "temos isso mais evidente e mais claro sob a forma do personagem Ofélia" (Lacan, 1958-59/ 2016, p. 267). O suicídio de Ofélia é ambíguo, um horror à feminilidade. "Quando Hamlet expõe aos olhos de Ofélia todas as possibilidades de degradação, variação e corrupção ligadas ao desenvolvimento da própria vida da mulher, quando esta se entrega a todos os atos que, pouco a pouco, fazem dela uma mãe" (Lacan, 1958-59/ 2016, p. 267), Lacan nos remete às "Contribuições à psicologia da vida amorosa" de Freud.

C - Polônio, o psicanalista selvagem, escreve onde deveria ler

A frase acima é uma importantíssima direção clínica que Lacan extrai do texto de Shakespeare. Não sem intenção, Lacan chama Polônio, o pai de Ofélia, de "psicanalista selvagem", abrindo-se para as consequências da interpretação. O que é interpretar? A interpretação não comporta outro sentido a não ser aquele que vai do simbólico ao real, para o esvaziamento do sentido. Selvagem, Polônio "escreve onde deve ler"; escreve por Ofélia, e, conforme Lacan, põe o dedo na melancolia de *Hamlet*, numa versão irônica daquilo que se oferece sempre como a vertente mais fácil para a interpretação externa dos acontecimentos — dos fatos, portanto, onde o sujeito permanece intocável e seu desejo não é mais que uma produção imaginária do analista.

Trata-se aqui de outra coisa, que se estrutura diferentemente para *Hamlet*. Trata-se de *Hamlet* com seu ato, do adiamento do ato. Ele sabe que é culpado, e isto lhe é insuportável. *Hamlet* coloca seu sentimento sob a forma "*To be or not to be*". O coração da peça é a rivalidade entre pai e filho.

Autores citados

Jones, E. (1949). *Hamlet and Oedipus*. London: V. Gollancz.

Ernest Jones (1879-1958), neuropsiquiatra e psicanalista galês, aluno de Emil Kraepelin e biógrafo oficial de Sigmund Freud. Jones introduziu a psicanálise na Grã-Bretanha e foi presidente da Associação Psicanalítica Internacional.

Nietzsche, F. W. Friedrich Wilhelm Nietzsche (1844-1900), filólogo, filósofo, crítico cultural, poeta e compositor alemão do século XIX. Nietzsche escreveu vários textos críticos sobre religião, moral, cultura contemporânea, filosofia e ciência, exibindo uma predileção por metáfora, ironia e aforismos.

Shakespeare, W. (*circa* 1600). *Hamlet*.

William Shakespeare (1564-1616), poeta e dramaturgo inglês, tido como o maior escritor do idioma e o mais influente dramaturgo do mundo. É chamado frequentemente de poeta nacional da Inglaterra e de "Bardo de Avon" (ou, simplesmente, *The Bard*, "O Bardo"). De suas obras restaram até os dias de hoje 38 peças, 154 sonetos, dois longos poemas narrativos e diversos outros poemas. Suas peças foram traduzidas para os principais idiomas do globo e são mais encenadas do que as de qualquer outro dramaturgo. Muitos de seus textos e temas, especialmente as peças, permanecem vivos, sendo revisitados com frequência pelo teatro, televisão, cinema e literatura. Entre suas obras mais conhecidas estão *Romeu e Julieta*, que se tornou a história de amor por excelência, e *Hamlet*, que contém uma das frases mais conhecidas da língua inglesa: "*To be or not to be: that is the question*" [Ser ou não ser, eis a questão].

Referências de pesquisa

Freud, S. (1976). Sobre a tendência universal à depreciação na esfera do amor (Contribuições à Psicologia do Amor II). Em: *Edição Standard Brasileira das Obras Psicológicas Completas de Sigmund Freud*. (Vol. XI). Rio de Janeiro: Imago. (Trabalho original publicado em 1912.)

XIV
A ARMADILHA DE APANHAR DESEJOS

Patrícia Paterson

"Ophelia", óleo sobre tela de John Everett Millais, 1851-1852.

Tema 1 - O mistério de *Hamlet*

No capítulo 14, Lacan traz algumas referências do contexto histórico em que Shakespeare escreveu a tragédia *Hamlet*. Encenada pela primeira vez em 1601, isto é, dois anos antes da morte da rainha Elisabeth, a peça foi muito criticada, o que pode ser atribuído ao período de mudança pelo qual passava a Inglaterra. Lacan sublinha que, a despeito de sua importância, nenhum dos inúmeros escritos psicanalíticos a respeito de *Hamlet* levou em conta este aspecto. Ao contrário, a maioria se preocupou mais em fazer uma interpretação do personagem *Hamlet* linha por linha, afastando-se da compreensão do conjunto da obra. Neste sentido, Lacan cita o artigo de Ella Sharpe, para ele decepcionante, por seguir esta mesma tendência.

Por outro lado, neste capítulo Lacan dedica grande atenção ao artigo de Ernest Jones (1910) que introduz a questão da significação do objeto feminino, ao qual Lacan se refere como central. O interesse despertado pelo artigo de Jones diz respeito, ainda, à apresentação de algumas das principais tendências em torno das quais se orientam as críticas a *Hamlet*.

Proposições

A - As duas posições da crítica (e a terceira)

A primeira posição da crítica a *Hamlet*, refutada por Jones, foi construída a partir de interrogações sobre a psicologia do personagem, e estaria relacionada ao romantismo alemão, na medida em que aborda o aspecto espiritual, em que o pensamento paralisa a ação. Seus autores apostam em motivos subjacentes aos que aparecem em primeiro plano, ironicamente chamados por ele de "mais profundos", uma vez que são desconhecidos do sujeito. Acreditava-se que, devido aos seus dotes intelectuais tão desenvolvidos, *Hamlet* seria incapaz de tomar uma simples decisão sobre qualquer questão, porque veria sempre diversas explicações possíveis.

Já a segunda posição atribui a um obstáculo externo a dificuldade de *Hamlet* para executar a tarefa que ele mesmo se coloca. Esta abordagem não é muito desenvolvida por Lacan, uma vez que a concepção de uma motivação extrínseca ao personagem soa ainda menos plausível do que a primeira.

A terceira posição seria a psicanalítica, a saber, a posição conflituosa que reflete a contradição interna à tarefa de *Hamlet*. Ainda que o sujeito pretenda realizar a tarefa, por alguma razão que desconhece, ele a repugna.

B - O complexo de Édipo como explicação para o mistério de Hamlet

Lacan se serve do artigo de Jones para indicar que, nas diversas abordagens críticas de *Hamlet*, o primeiro passo propriamente analítico foi afastar a referência a uma psicologia profunda e aproximá-las de um arranjo mítico. *Hamlet* ensina algo sobre a estrutura do desejo, no sentido de que é preciso que se encontre o desejo; ou seja, embora o sujeito seja marcado pelo desejo em sua constituição, sua posição de sujeito do desejo precisa ser construída. A tarefa de matar Cláudio, e assim vingar a morte do pai, atualiza para *Hamlet* o desejo inconsciente de substituir o pai no afeto da mãe, de modo que a tragédia shakespeariana põe em cena a estrutura mítica de Édipo.

Autores citados

A New Idea About *Hamlet*: J.A. Loening, a Chicago Elocutionist, advances a Peculiar Theory. *The New York Times*, 6 de março de 1897.

Blake, E. (mai. 1880). The Impediment of Adipose — A Celebrated Case. Em: *Popular Science Monthly*. (Vol. 17).

Coleridge, S. T. (1907). Coleridge's essays & lectures on Shakespeare & some other old poets & dramatists. London: J. M. Dent.

Goethe, W. (1795-96). Wilhelm Meister's Analysis of *Hamlet*. Em: *Wilhelm Meister's Apprenticeship*.

Hazlitt, W. (1930-34). *Characters of Shakespeare's Plays*. Em: *The complete works of William Hazlitt*. (Vol. 4.) London: J. M. Dent & Sons. (Trabalho original publicado em 1818.)

Jones, E. (1910). The Oedipus-Complex as an Explanation of Hamlet's Mystery: A Study in Motive. Em: *The American Journal of Psychology*. (Vol. 21, N. 1, 72-113).

Tema 2 - A cena dentro da cena

Paula Legey

Na cena II do ato II, *Hamlet*, que até então se fazia de louco, tem uma ideia para resolver a dúvida sobre a verdadeira identidade do assassino de seu pai. A ideia não lhe ocorre num momento qualquer, mas justamente quando assistia à encenação de dois atores que representavam o assassinato de Príamo, rei de Troia, por Pirro, filho de Aquiles. O semideus Aquiles fora assassinado por Páris, um dos filhos de Príamo. *Hamlet* decide organizar uma peça em que fosse encenada uma situação análoga à que teria ocorrido com seu pai, ou seja, o assassinato de um homem por seu irmão que depois lhe tomaria a esposa e o reino.

A função da cena dentro da cena foi trabalhada por Otto Rank em um texto de 1915. Lacan retomou esse assunto no seminário 6, "O desejo e sua interpretação" e também mais tarde no seminário 10. O intuito de *Hamlet* com a encenação é "apanhar a consciência do rei", ou seja, observar a reação de Cláudio ao assistir à cena para determinar sua culpa ou inocência. Há, porém, outra verdade que se revela nessa encenação, e que diz respeito ao desejo do próprio *Hamlet*.

Proposições

A - Hamlet coloca seu desejo em cena como ficção

Num diálogo com o texto de Otto Rank, que afirma que a peça dentro da peça enfatiza a identificação de *Hamlet* com seu tio, Lacan indica que a peça planejada por *Hamlet*, além de sua função declarada, ou seja, determinar a culpa ou inocência do rei Cláudio, coloca em cena o desejo do próprio *Hamlet* como ficção. O personagem Luciano, que assassina o rei, não aparece no enredo como seu irmão, como seria o caso se a peça fosse de fato uma reprodução exata da trama do crime, mas como sobrinho do rei assassinado, posição análoga à do próprio *Hamlet* em relação a seu tio, Cláudio. O que *Hamlet* manda encenar, portanto, é ele mesmo assassinando o rei. Através disso, dois planos do desejo de *Hamlet* são levados ao palco: um em que ele executa a tarefa que procrastina, e outro, mais sutil, em que se revela o desejo de *Hamlet* de matar o rei e tomar seu lugar ao lado da mãe. O que *Hamlet* encena é a morte de seu pai, mas numa trama em que ele é o assassino. Rank afirma que a felicidade de *Hamlet* após a interrupção abrupta da peça por parte de Cláudio não seria apenas por ter conseguido a comprovação da culpa do assassino — isso ele já sabia há muito tempo —, mas porque através da encenação *Hamlet* pôde dar vazão à alegria de se ver assassinando o pai. Assim, a cena dentro da cena desdobra-se em outra cena, e ainda outra, menos encenada e mais próxima do real.

B - O problema que se apresenta a Hamlet aborda o objeto feminino

A cena que os atores representam diante de *Hamlet* e que lhe fornece a ideia sobre a peça que irá executar no ato III é bastante significativa. Trata-se do momento em que Pirro levanta sua mão com um punhal para assassinar o adversário, Príamo, e se detém nesse gesto, sem conseguir, de início, executá-lo. Otto Rank afirma que um aspecto fundamental a ser considerado nesse enredo é a reação da mulher de Príamo, Hécuba, que sofre profundamente com sua morte, em franco contraste com a reação leviana da mãe de *Hamlet*, Gertrudes, que torna a se casar logo após o falecimento de seu marido. Além disso, um dos atores chora durante a cena, o que faz *Hamlet* comparar sua paralisia com relação à tarefa de vingar a morte do pai com a emoção que invade o ator devido à sua simpatia por Hécuba, personagem que o ator sequer conhece. Lacan destaca que a questão em torno da qual gira o drama de *Hamlet* diz respeito ao objeto feminino.

Otto Rank sugere que *Hamlet* identifica Ofélia com sua mãe. Mais tarde, no seminário 10, Lacan indica que o mais importante é a identificação mais misteriosa de *Hamlet* com Ofélia, o que aponta para uma posição feminina, mais além da posição fálica. Lacan afirma que, após a morte de Ofélia, *Hamlet* se transforma numa espécie de sonâmbulo que aceita tudo, inclusive lutar contra Laertes, a mando de seu inimigo, Cláudio. Trata-se de uma identificação com a vítima suicida, oferecida em sacrifício à alma de seu pai. De fato, Ofélia se mata após seu pai, Polônio, ter sido assassinado por *Hamlet* por engano. Na cena final, *Hamlet* identificado com o objeto perdido, deixa-se ferir em sacrifício a seu pai.

Autores citados

Rank, O. (1915). The Play within *Hamlet*: Toward an Analysis and Dynamic Understanding of the Work. Em: *Imago 4* (N. 1, 41-51).

Referências na obra de Lacan

Lacan, J. (2005). *O Seminário, Livro 10: A angústia*. Rio de Janeiro: Zahar. (Trabalho original escrito em 1962-63).

Referências de pesquisa

Brandão, J. (1999). *Mitologia grega*. (Vol. I). Petrópolis: Vozes.

O assassinato de Príamo
Lacan cita um trecho de *Hamlet* em que Shakespeare faz referência a uma passagem da Guerra de Troia, quando da invasão da cidade

pelos gregos. Segundo algumas lendas, nesse momento Neoptólemo ou Pirro, filho de Aquiles, teria assassinado Páris. Príamo era casado com Hécuba, esposa fiel e dedicada. No momento da invasão da cidade ela tenta convencer o marido, já idoso, a recolher-se com ela para evitar a morte. Príamo, porém, veste suas armas para cair em combate, honrosamente. O pai de Pirro, o semideus Aquiles, havia matado o filho mais velho de Príamo, Heitor, e fora posteriormente assassinado por outro filho de Príamo, o príncipe Páris. Esse assassinato, portanto, insere-se num contexto de amor paterno e filial, e também da tarefa da vingança levada a cabo. A hesitação de Pirro, que logo após consuma cruelmente o assassinato, remete *Hamlet* à sua própria hesitação.

XV
O DESEJO DA MÃE

Leonardo Scofield

Tema 1 - *Hamlet* não é um personagem real

Lacan inicia este capítulo dizendo tratar de aspectos clínicos ao situar o sentido do desejo a partir do texto de Shakespeare e dele derivados. Refere-se, por exemplo, ao texto de Ernest Jones, "*Hamlet* e o complexo de Édipo", e recomenda a leitura de Wilson Dover, "*What happens in Hamlet*" (1935), ao invés de tomar Loening (1893) como referência.

Em seguida, Lacan enumera diversos críticos e estudiosos de *Hamlet*, como Edward P. Vining em "The mystery of *Hamlet*" (1881), dizendo que *Hamlet* era o vazio, que não se sustentava; ou o caráter impenetrável, destacado por Grillparzer (1880) como a razão do sucesso de *Hamlet*; ou até mesmo Eliot (1921/ 1992), que evoca o "fracasso" da peça de Shakespeare.

Lacan prossegue em sua articulação dizendo que *Hamlet* "é um espelho" no qual cada um se vê à sua maneira, assim como cada ator o representa com seu estilo. Conforme Lacan, "há na relação de *Hamlet* com aquele que o apreende, seja como leitor, seja como espectador, um fenômeno que é da ordem de uma ilusão". Aí podemos dizer que Lacan parafraseia Dover, quando este afirma que "*Hamlet* não é um personagem real".

Proposições

A - Em uma obra, somos tocados por seu valor de discurso que dá espaço aos nossos próprios desejos
Desde o início dessa lição Lacan nos adverte para deixar em sus-

penso a ideia de que uma obra transmite seu "caráter", ou seja, para recusar a ideia de que traços de caráter do autor se transmitiriam para além do que está na obra. Sob essa perspectiva, ele aponta um equívoco de Jones (1949/ 1970), que recomendava procurar a articulação que lhe interessava em outro lugar que não *Hamlet* como um personagem real, assim como se fazia tradicionalmente nas interpretações psicanalíticas.

Lacan chama a atenção para o fato de a "comunicação do que está no inconsciente" estar diretamente ligada à articulação do discurso dramático. Lacan atribui grande importância à articulação do discurso. Ele diz que o poeta e o herói, que são tocados e emocionam apesar de si, o fazem por seus discursos, que tornam um e outro equivalentes em seus aspectos dramáticos.

O modo pelo qual somos tocados por uma obra de arte é descrito por Lacan como se fôssemos tocados no plano inconsciente, e isto se deve à sua composição, aos seus arranjos — *arrangements*. O interesse maior do psicanalista não é o inconsciente do poeta — seus lapsos, por exemplo. Ou, como fez Ella Sharpe, que explorou as fixações da metáfora em *Hamlet* em torno de temas femininos e orais.

Para Lacan, o que há de primordial em *Hamlet*, para além do caráter biográfico que pode ser investigado, é que seu valor de estrutura é equivalente ao de Édipo, o que Lacan chama de "valor de estrutura": "o que nos interessa, e que pode ajudar a estruturar certos problemas, do que há de mais profundo na trama da obra, do conjunto da tragédia, de sua articulação como tal" (Lacan, 1958-59/ 2016, p. 295).

Sob a perspectiva da estrutura, Lacan considera o valor de uma obra por sua organização, pela superposição de planos; e no interior desse maquinário pode-se incluir a questão da articulação do desejo. Lacan evoca peças boas e ruins, com manifestações inconscientes que seus autores deixaram escapar ou não. Mas o que toca e emociona seus leitores e espectadores "em razão do espaço que ela nos oferece, pelas dimensões de seus desenvolvimentos, para colocar o que, em nós, está escondido, a saber, nossa própria relação com nosso próprio desejo".

Essa oferta presente em *Hamlet* não se explica porque um drama pessoal pode ter acontecido a Shakespeare, mas porque a peça apresenta uma superposição de dimensões, de planos ordenados, necessária para dar lugar ao desejo a fim de que esse drama venha a retê-lo.

B - A estrutura do discurso de Hamlet dá lugar ao desejo inconsciente

Lacan insiste na perspectiva de que as interpelações sobre Shakespeare ou sobre o personagem são secundárias para o analista, no que concerne ao desejo inconsciente. O que está prioritariamente em questão é do que é composta a estrutura. Poderíamos dizer que é o discurso que compõe a estrutura, que responde pelo que Lacan chamou de "efeito *Hamlet*", o personagem "cujas profundezas desconhecemos, mas não só devido à nossa ignorância" — ignorância aí empregada no sentido de presentificação do inconsciente.

Podemos, assim, dizer que o efeito de *Hamlet* está no espaço vazio que compõe seu discurso, oferecendo um lugar ao desejo inconsciente de cada um que o lê.

C - O ator como inconsciente real

Se *Hamlet* é "realmente o que estou dizendo, a saber, uma composição, uma estrutura tal que, nela o desejo pode encontrar seu lugar, situado de maneira suficientemente correta, rigorosa, para que ali possam se projetar todos os desejos, mais exatamente, todos os problemas suscitados pela relação do sujeito com o desejo, bastaria, em certo sentido, lê-lo" (Lacan, 1958-59/ 2016, p. 299), Lacan diz que é claro que não é a mesma coisa ler e vê-lo representado. Qual seria então a função dos atores? Qual seria a diferença entre seus efeitos sobre seus leitores e seus espectadores?

Nesta perspectiva, Lacan desenvolve a função do inconsciente como o discurso do Outro. Isso fica claro na relação da plateia com Hamlet. Na peça, o herói só está presente pelo discurso do Outro — do ator, no caso. A função do ator, porém, não se restringe a confirmar o inconsciente como discurso do Outro. Lacan diz que "o ator empresta seus membros, sua presença, não simplesmente como uma marionete, mas com seu inconsciente bem real". Nessa descrição, Lacan evoca o inconsciente real, uma relação dos membros, do corpo, da história de quem representa o personagem. A partir de então, qualifica o ator no que se refere ao efeito que ele produz quando empresta seu inconsciente à marionete.

Percebemos a partir daí uma articulação entre o ator e o analista como tendo interesses análogos vinculados ao inconsciente, que, por sua vez, é estruturado por significantes com relação ao imaginário, ou seja, com relação ao próprio corpo, constituindo o inconsciente real.

Autores citados

Dover, J. W. (1935). *What happens in Hamlet*. Cambridge: University Press.

Eliot, T. S. (1992). *Hamlet* and His Problems. Em: *Ensaios escolhidos*. (Seleção, tradução e notas de M. A. Ramos). Lisboa: Cotovia. (Trabalho oriignal publicado em 1921).

GrillParzer, F. (Ago. 1880). Studien zur Literaturgeschichte.

Jones, E. (1970). *Hamlet e o Complexo de Édipo*. Rio de Janeiro: Jorge Zahar. (Trabalho original publicado em 1949).

Loening, R. (1893). *Die Hamlet–Tragödie Shakespeares*.

Trench, W. F. (1913). *Shakespeare's Hamlet; a new commentary with a chapter on first principles*. London: J. Murray.

Robertson, J. (1897). Montaigne and Shakespeare. London: The University press.

Vining, P. (1881). *The mystery of Hamlet, An attempt to solve an old problem*. Philadelphia: J. B. Lippincott & Co.

Tema 2 - *Hamlet* para além de seu desejo: o desejo da mãe

Mirta Zbrun

Lacan comenta neste capítulo a posição subjetiva de *Hamlet* frente ao desejo da mãe. *Hamlet* enfrenta uma relação que torna seu ato difícil, uma tarefa repugnante, que o põe de fato numa situação problemática perante sua própria ação. Ele deve reconhecer que se trata de seu desejo, de certa maneira o caráter impuro de seu desejo que opera sem que ele o saiba, *l'insu d'Hamlet*.

Hamlet pode ser uma composição, uma estrutura, criada de tal maneira que o desejo nela encontra seu lugar correto — um lugar para todos os desejos, onde todos os problemas da relação entre o sujeito e seu desejo podem se projetar. Para Lacan, seria suficiente ler dessa forma a tragédia do personagem.

Proposições

A - O lugar do desejo no sujeito humano: l'insu d'Hamlet
É preciso ir além do que foi analisado por outros autores com relação à peça, e ver que aquilo com que *Hamlet* lida o tempo todo, o que

ele enfrenta é um desejo que deve ser observado e considerado no lugar que ele ocupa na peça. Trata-se de um desejo muito diferente de seu desejo pela mãe, pois o que está em jogo é *le désir de la mère*, assinala Lacan.

Sir Laurence Olivier (Hamlet) e Eileen Herlie (Gertrude) em "Hamlet: Príncipe da Dinamarca", de William Shakespeare, 1948.

B - Hamlet como placa giratória do desejo humano

O ponto-chave, aquele no qual é preciso centrar toda a cena, é o encontro de *Hamlet* com sua mãe. Após a cena da peça que ele fez atuar, e com a qual surpreendeu a consciência do rei, estando cada vez mais angustiado a propósito das intenções de Cláudio com relação a ele, *Hamlet* é convocado para uma entrevista secreta com sua mãe.

C - O desejo humano como obsessivo ou histérico

A partir do momento em que *Hamlet* fica inquieto, um "ponto de basta" [*point de capitonné*] se configura para o sujeito *Hamlet*. Depois de ter hesitado longamente, ele se lança de repente ao encontro de uma cena que se apresenta em condições inverossímeis (*Hamlet*, Ato III, Cena IV). Durante a entrevista com a mãe, *Hamlet* mata Polônio, seu futuro sogro, por acidente. Como consequência, no último ato da peça é convocado por Cláudio a desafiar Laertes, filho de Polônio e irmão de Ofélia. Após ter matado seu pai e provocado o suicídio de sua irmã, não resta a *Hamlet* a menor dúvida de que no momento do duelo seu oponente não lhe quer muito bem.

Referências de pesquisa

Shakespeare, W. (1955). *A tragédia de Hamlet, Príncipe da Dinamarca.* Rio de Janeiro: Livraria José Olympio Editora. (Trabalho original encenado em 1600).

Escrita entre 1599 e 1601, *Hamlet* é a peça teatral mais extensa de William Shakespeare. A tragédia do personagem encantou gerações de leitores e espectadores apaixonados. O autor discorre sobre vingança, traição, sobre o porquê da existência humana, a moral e o desejo.

Referências na obra de Lacan

Lacan, J. (1985). *O Seminário, Livro 3: As psicoses.* Rio de Janeiro: Zahar. (Trabalho original escrito em 1955-56).

Lacan, J. (2013). *Le Séminaire livre VI, Le désir et son interprétation.* Paris: Ed. De La Martinière et Champs Freudien Éditeur. (Trabalho original escrito em 1958-59).

Tema 3 - *Hamlet* e o *punhal* no coração de sua mãe

Mirta Zbrun

Analiticamente, podemos formular algo mais correto do que já foi dito sobre essa cena, assinala Lacan. Temos que ir mais longe, ir além de simplesmente observar a cena de *Hamlet* frente à sua mãe. Ao seguir a peça, percebemos que *Hamlet* lida o tempo todo com um desejo, que está muito longe de ser o seu. Considerando-o ali onde está na peça, "é o desejo não *por* sua mãe, mas *de* sua mãe" (Lacan, 1958-59/ 2016, p. 303). Interessa-nos destacar que desta cena ele sai outro, um novo sujeito; produz-se em *Hamlet* esse momento singular em que ele pode assumir seu desejo.

Proposições

A - Por que não abdicar do desejo a favor do desejo da mãe
Shakespeare incluiu na articulação de sua peça um elemento singular, o personagem Laerte, para fazê-lo atuar no momento crucial e servir de exemplo e de suporte, para o qual *Hamlet* se precipita num abraço apaixonado. Laerte não é nem mais nem menos que o irmão de Ofélia, que acaba de pôr fim aos seus dias, causando um abalo do qual *Hamlet* não deixa de ser responsável. *Hamlet* sabe que esse "senhor" não gosta dele, mas ele gosta muito desse "senhor", e lhe diz isso. Nesse momento, *Hamlet* se revela um verdadeiro assassino, num ato absolutamente sem precedentes.

B - Como no luto e na tristeza, a sombra do objeto, uma vez que este é introjetado, cai sobre o eu
Relacionado ao problema do luto, temos o problema do objeto, o que nos permite fazer uma nova articulação além da elaborada por Freud (1917/ 1996) em *Trauer und Melancholie* [Luto e melancolia]: se o luto ocorre em razão de uma introjeção do objeto perdido, para que ele seja introjetado deverá haver uma condição prévia: que ele seja constituído enquanto objeto.

Ademais, é necessário que essa constituição enquanto objeto não seja pura e simplesmente ligada à concepção das etapas constitutivas do sujeito, mas que seja um objeto fora das zonas ditas erógenas indicadas por Freud, que esse objeto possa ser isolado como objeto causa do desejo, como objeto pequeno *a*. Nessa nova lista de objetos, Lacan inclui a voz e o olhar.

Referências de pesquisa

Freud, S. (1996). Três ensaios sobre a teoria da sexualidade. Em: *Edição standard brasileira das obras psicológicas completas*. (Vol. VII). Rio de Janeiro: Imago. (Trabalho original publicado em 1905).

Freud, S. (1996). Luto e melancolia. Em: *Edição standard brasileira das obras psicológicas completas*. (Vol. XIV). Rio de Janeiro: Imago. (Trabalho original publicado em 1917).

XVI
NÃO HÁ OUTRO DO OUTRO

Maria Aparecida Malveira

Sir Laurence Olivier em "Hamlet: Príncipe da Dinamarca", de William Shakespeare, 1948.

Nos capítulos 15, 16, 17 e 18, fomos conduzidos pelo fio da fantasia nas duas linhas do grafo do desejo, a linha da cadeia explícita e a do inconsciente, fantasia e desejo frente a frente, e o objeto em função da causa logo atrás do desejo.

No capítulo 16, "Não há Outro do Outro", Lacan retoma a peça de Shakespeare, desta vez para conduzir a função mítica de Hamlet que faz dele um tema equivalente à função mítica de Édipo. Lacan vai partir do encontro de Hamlet com a morte para dar-lhe o devido sentido, este encontro verdadeiro de todos os encontros.

Hamlet é um sujeito falante, estruturado numa relação complexa com o significante que Lacan vai articular no grafo, no cruzamento entre a intenção da demanda e a cadeia significante que se dá pela primeira vez no ponto A, o ponto do grande Outro, no grafo, lugar da verdade.

No caso de *Hamlet* — a criação poética —, o pai sabia, e porque ele sabia Hamlet também sabe, tem a resposta, "a mensagem no ponto em que ela se constitui na linha superior, a do inconsciente" no grafo do desejo — o S maiúsculo, para o *significante*. Isso já distingue a resposta ao nível da linha superior da resposta ao nível da linha inferior — que se escreve com s minúsculo, para o *significado*. Em relação a esta fala, a resposta é sempre o significado do Outro s (A); mas o que há para além deste discurso simples, ali onde o sujeito se pergunta a si mesmo *para quem fala*? Quem quis dizer isso ou aquilo no nível do Outro? Neste nível, a resposta é o S(Ⱥ) em que Hamlet vai permitir o acesso ao sentido, "a irremediável, absoluta, insondável traição do amor, do amor mais puro, o amor desse rei".

Miller revela que o momento de báscula, inteiramente decisivo no ensino de Lacan, se situa em três páginas deste capítulo. Na página 322, Lacan revela o grande segredo da psicanálise: "Não há Outro do Outro".

Em *Perspectivas dos Escritos e Outros escritos*, Miller (2009) faz um comentário muito bonito sobre a descoberta do "Não há Outro do Outro", quando diz que esta descoberta poderia indicar para o sujeito um final possível de análise, no qual seria revelado que só se pode assumir a falta e saber que não se pode confiar, que nada garante ao sujeito a verdade da boa-fé ou má-fé do Outro — precisamente o que Lacan chamará, mais tarde, de "um final de análise que faz do sujeito um não--tolo". O não-tolo é o sujeito que se satisfaz com o grande A barrado — Ⱥ — com a inconsistência do Outro. Este grande Outro pelo qual nos sacrificamos, como também o faz *Hamlet,* não devolve sua vida ao sujeito. Este significante, do qual o Outro não dispõe S(Ⱥ), é o grande segredo da psicanálise.

No capítulo 17, "O objeto Ofélia", o propósito de Lacan consistirá em mostrar a tragédia do desejo em *Hamlet*. Ofélia é um elemento de articulação essencial no percurso que *Hamlet* faz, um drama do desejo em sua relação com o desejo do Outro.

Por causa da dependência de Hamlet em relação ao Outro, ao desejo da mãe, Hamlet aparece na peça sempre dependente da hora do outro. É sempre cedo demais, ele sempre adia, o que deixa ver o esforço que ele faz para ler o momento do Outro. A postergação é, assim, uma das dimensões essenciais da tragédia. Pela procrastinação, o personagem está sempre no tempo do Outro.

Se na histeria o desejo insatisfeito se estabelece mediante uma imaturidade fundamental, uma antecipação, o desejo impossível do obsessivo se traduz na procrastinação, no adiamento do ato. O que caracteriza o obsessivo não é tanto que o objeto de seu desejo seja impossível; o que o caracteriza propriamente é aquilo que acentua seu encontro com essa impossibilidade.

Ofélia é situada no grafo no nível da letra *a*, letra esta que "inscreve-se em nossa simbolização de uma fantasia, $ \$ \lozenge a $, a fantasia sendo o suporte, o substrato imaginário do desejo, na medida em que este se distingue da demanda e também da necessidade".

A fantasia é o último termo do desejo. Ofélia é uma articulação essencial na caminhada de Hamlet em direção ao seu encontro marcado, seu encontro mortal com seu ato. No fundo de uma cova na cena do cemitério, na qual se abre para Hamlet a possibilidade de se precipitar rumo ao seu destino, se propõe algo como uma reintegração de *a*, onde o objeto é reconquistado ao preço do luto e da morte.

No capítulo 18, "Luto e desejo", Lacan investiga o ato final, sob a perspectiva "do ponto de encontro, da hora do encontro marcado, do ato terminal em que, por fim, Hamlet joga como prêmio por sua ação cumprida todo o peso de sua vida".

No momento em que seu gesto é executado, "Hamlet é também o cervo indefectível de Diana". São retomados os sentimentos enigmáticos de ciúme e de luto que invadem o espírito do personagem, ciúme e luto sendo os pontos mais destacados desta tragédia.

Na experiência do luto, o sujeito, abismado na vertigem de sua dor, se encontra numa certa relação com o objeto. Na cena do cemitério, a ostentação do luto do seu parceiro Laertes no momento do enterro da irmã, tem como efeito, para Hamlet, um arrancá-lo de si mesmo: ele fica transtornado.

O desaparecimento de Ofélia é o desaparecimento do objeto perdido, o buraco aberto no real, lugar onde se projeta o S(Ⱥ), o significante faltante. O luto abre um buraco no real, dentro do qual o sujeito quer cair, ou, simplesmente, cai num empuxo, ao se reunir ao Outro no real. A melancolia nos mostra como o melancólico coloca a céu aberto o ponto em que o Outro não responde por uma estrutura.

Tema 1 - O valor da estrutura de *Hamlet* é ser equivalente ao Édipo

A propósito da peça de Shakespeare, Lacan adverte que, apesar de fazermos profundas perguntas sobre o caráter de Hamlet, não podemos negligenciar o fato de que ele não é um personagem real, não é um caso clínico, não é um ser real. Mas, apesar de ser uma criação poética, Hamlet demonstra uma neurose.

Lacan faz contraponto de Hamlet com Édipo, afirmando que Hamlet foi posto por Freud em um nível equivalente ao Édipo, ou que o "valor de estrutura" de Hamlet "é equivalente àquele de Édipo", ou que Hamlet é uma variante do Édipo, ou ainda, que Hamlet é "um tema igual ao Édipo". Mas há dissimetria entre um e outro no que se refere à posição do sujeito. No que concerne ao ato, nos diz Lacan, Hamlet é bem conhecido por protelá-lo, diferi-lo, procrastiná-lo. Já Édipo comete o ato sem regatear; sobretudo, sem saber do que se trata, e seu pai menos ainda. Lacan assinala que o pai de Hamlet, desde o começo da peça, revela a verdade sobre sua morte, e aí reside a diferença entre *Hamlet* e o mito de Édipo: o pai morto sabe, e o diz — tema trabalhado neste livro a partir do capítulo 3, com a interpretação edipiana do sonho do pai morto, no qual o filho sonha que seu pai estava morto e não sabia. Miller (2013, p. 12) destaca que Lacan não se detém na interpretação edipiana; ao contrário, afirma que a interpretação edipiana "não é senão a máscara do que há de mais profundo na estrutura do desejo". O que há de mais profundo na estrutura do desejo e que mascararia o Édipo, ou a leitura edipiana, seria, portanto, a cadeia significante. Esse seminário foi concebido, continua Miller, para ir além do Édipo, na direção da fantasia.

Proposições

A - Há algo de podre no Reino da Dinamarca
Em *Hamlet*, "a questão do pai está resolvida: o pai sabia, e, pelo

fato de que ele sabia, Hamlet também sabe. O sentido daquilo que Hamlet fica sabendo por esse pai é a irremediável, absoluta, insondável traição do amor — do amor mais puro, o amor desse rei que foi seu pai. A resposta é que a verdade de Hamlet é uma verdade sem esperança.

Não há nenhum significante que possa responder por aquilo que o sujeito é: esta é a verdade sem esperança mencionada por Lacan, verdade encontrada no nível do inconsciente, uma verdade sem rosto, fechada, uma verdade flexível em todos os sentidos, uma verdade sem verdade. Não temos nenhuma garantia desse Outro, não há outro do Outro. É preciso ressituar esse famoso enunciado, "não há Outro do Outro", no lugar exato em que ele foi introduzido: no lugar onde se verifica haver alguma coisa de podre, se assim se pode dizer, não apenas no reino da Dinamarca, mas também no rei da Dinamarca. (Miller, 2013, p. 13).

B – Por que a estrutura do desejo não é mais edipiana

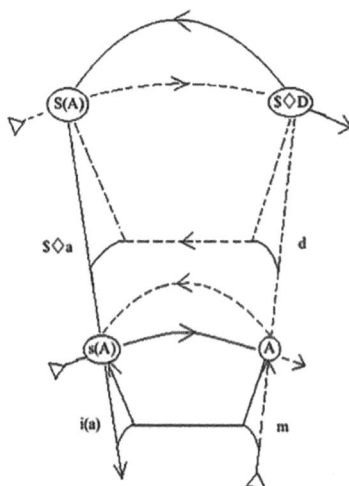

Grafo do desejo: o circuito inconsciente do desejo.

"A estrutura é precisamente aquilo que estou tentando dar-lhes, uma chave que lhes permita orientar com segurança, a saber, essa forma topológica que chamei 'grafo' e que talvez pudesse chamar de 'grama'", uma estrutura fundamental que permite localizar, situar e articular o desejo, conforme assinala Lacan, depois de ter estabelecido a função das duas linhas do grafo. Ou seja: aquilo que jaz no intervalo, a distância que o sujeito pode manter entre as duas linhas para aí respirar no tempo que lhe resta para viver, e que se chama desejo. O sujeito barrado sustenta essa distância com o objeto expresso no símbolo $ ◊ a, pequeno a, onde se situa o desejo.

Para acompanhar Lacan na construção do seu grafo, construído a partir do desdobramento das duas cadeias significantes, vamos seguir o trajeto que parte do circuito pontilhado, dito inconsciente, à direita, na extremidade do vetor inconsciente, provisoriamente marcado Δ, se dirigindo para o ponto A, de entrecruzamento da intenção da demanda e da cadeia significante. O ponto "A" é definido como o grande Outro enquanto lugar da verdade, o lugar onde a palavra se situa. É o que concerne ao sujeito, na medida em que ele fala e enquanto estruturado numa relação complexa com o significante, ou seja, o sujeito em sua relação com o Outro, com a palavra.

O circuito continua ao nível da mensagem S(Ⱥ), seguindo em direção ao nível do código ($ ◊ D), voltando ao nível do desejo (d), e daí na direção da fantasia ($ ◊ a). É no nível do inconsciente que se estrutura o circuito de formação do desejo. A linha do seguimento d → ($ ◊ a) é uma via de retorno pela relação inconsciente, mas não é a mesma linha de retorno do inconsciente, conforme assinala Lacan.

Miller aponta para o fato de que o grande grafo de Lacan, o grafo do desejo, não é construído sobre a estrutura da metáfora paterna. Neste sentido, a problemática do desejo tratada por Lacan não é mais edipiana, mas estrutural. (Miller, 2013)

Referências de pesquisa

Miller, J.-A. (Dez. 2013). O Outro sem o Outro. Em: *Opção Lacaniana, Revista Brasileira Internacional de Psicanáli*se (N. 67, 17-30). São Paulo: Eolia.

Tema 2 - A fantasia e sua importância para o ato analítico

Lenita Bentes

Lacan extrai da operação freudiana sobre o sintoma histérico a conclusão de que a fala sintomática — o sintoma, no início do ensino de Lacan — é uma fala, ou até mesmo uma mensagem que "inclui o discurso do outro no segredo de sua cifra" (Miller, 1994-95/ 2005, p. 53).

O que podemos discernir da edificação do grafo do desejo, iniciada por Lacan no seminário 5 e construída no seminário 6, é o sujeito na medida em que fala, e enquanto estruturado numa relação complexa com o significante, o sujeito em sua relação com o Outro, com a palavra.

"A morte de Ofélia", óleo sobre tela de Eugene Delacroix, 1853.

O que Lacan nomeia como fantasia é a relação sujeito-objeto no desejo inconsciente, a articulação desse sujeito barrado com o objeto *a*, ou seja, a equivalência entre o sujeito barrado e seu objeto *a* ($ \$ \lozenge a $), objeto lacaniano, extraído da lógica da fantasia, que é o resto dessa extração. O sujeito se localiza como algo prévio no Outro, mas o objeto é extraído da lógica da fantasia, portanto não se inclui no Outro. O objeto do desejo não é um elemento da realidade, e o desejo de que Lacan trata nesse seminário é o desejo inconsciente.

Miller (2013, p. 27) assinala que, no seminário 6, a fantasia é pensada no singular e como fundamental, como uma relação com o objeto inteiramente diferente da relação de conhecimento. Acompanhar o sujeito neurótico nesse percurso permite pensar que o sujeito neurótico é responsável por sua própria estrutura, mas isto não o faz refém do sofrimento do qual ele se queixa, o que implica na responsabilidade do sujeito por sua posição na estrutura do seu desejo.

Proposições

A - Como a fórmula da fantasia oferece o que há de mais profundo na estrutura do desejo

Miller (2013, p. 11) nos aponta o esforço de Lacan para justificar a fórmula da fantasia, elaborá-la, "perlaborá-la", modificá-la, aperfeiçoá-la ao longo do seminário. No fundo, Lacan busca uma porta disfarçada para ir mais longe, na direção da fantasia. Os elementos da fantasia, *a* e $, são constantemente pensados no seminário 6.

No começo, o *a* da fantasia é o suporte, o substrato imaginário do desejo, na medida em que se distingue da demanda e também da necessidade. O sujeito está presente na fantasia, e o objeto do desejo é o marco da fantasia, ocupa o lugar daquilo de que o sujeito é privado simbolicamente.

A fantasia inconsciente tem valor de realidade para o sujeito, ou seja, ela emoldura a realidade em sua dimensão fundamental de realidade psíquica, é uma construção feita pelo sujeito para protegê-lo do real da perda do objeto. A fantasia é a estratégia usada pelo neurótico para conseguir o amor do Outro. Ela só pode ser construída durante o processo de análise; recalcada, ela fica fazendo efeito, é inconsciente. A fantasia enquadra a realidade, lhe dá uma condição fixa, enquadra e protege o sujeito. O preço que o sujeito paga por isso é ficar aprisionado.

Para tomar as coisas no nível da interpretação, em "A lógica da fantasia" Lacan destaca que, devolvida à gama lógica, a fantasia só fará perceber melhor o lugar ocupado pelo sujeito. O atravessamento da fantasia mostra ao sujeito o que há de mais profundo na relação do sujeito com a estrutura do desejo. Lacan indica ao analista um elemento precioso frente às atuações do neurótico: "Pois vê-se pelas atuações do neurótico que, da fantasia, ele só se aproxima de viés, ocupadíssimo que está em sustentar o desejo do Outro, mantendo-o de diversas maneiras em suspense. O psicanalista poderia não se fazer de servo dele" (Lacan, 2003, p. 327).

B - A conexão entre o sujeito barrado ($) e o objeto (a), extraído do corpo e privilegiado na lógica da fantasia

Hamlet nos demonstra uma neurose, assinala Lacan. Partindo daí, podemos pensar a escolha do sujeito neurótico levando-se em conta sua estrutura, já que ele é responsável por ela. Uma pergunta se coloca: que conexão o sujeito barrado ($\bar{S}$) mantém com o objeto a? Qual é o estatuto desse objeto a extraído do corpo, e privilegiado na lógica da fantasia?

O sujeito neurótico chega para a análise refém do sofrimento do qual se queixa, com suas identificações, seus ideais, seus significantes-mestres. A verdade do sujeito aparece de maneira descontínua nas formações do inconsciente, sobretudo no sintoma. Nesse momento do ensino de Lacan, a interpretação deve ser orientada para o atravessamento da fantasia, no sentido de localizar a equivalência entre o sujeito e seu objeto na estrutura do grafo do desejo. Isso é fundamental para que o jogo analítico se desempenhe no nível do simbólico, ou seja, ao analista não cabe apenas ouvir o imaginário, mas extrair dele o que há de simbólico e empurrá-lo na direção do real, no sentido de procurar novas articulações.

Postas à prova no dispositivo analítico, as interpretações do analista não devem ser explicativas, mas atravessadas por uma lógica. Qual é a verdade do sujeito? Para buscar a verdade do sujeito, devemos buscar a implicação lógica para a resposta que ele busca. Sendo o sujeito responsável por sua própria estrutura, essa resposta deve lhe permitir verificar que ele só poderá assumir sua falta, que é estrutural, e se satisfazer com o grande A, com a inconsistência do Outro, com a verdade de que não há Outro do Outro.

Autores citados

Belleforest, F. (1564). *Histoires tragiques*. (Tomo V).

François de Belleforest (1530-1583), prolífico autor da Renascença Francesa, também poeta e tradutor.

Coleridge, S. T. (1907). Coleridge's essays & lectures on Shakespeare & some other old poets & dramatists. London: J. M. Dent.

Samuel Taylor Coleridge (1772-1834). Comumente designado como S. T. Coleridge, foi um poeta, crítico e ensaísta inglês, considerado, ao lado de seu colega William Wordsworth, um dos fundadores do romantismo na Inglaterra. Depois de publicar alguns poemas em 1796, Coleridge escreveu, em parceria com o poeta William Wordsworth, o livro *Baladas líricas* (1798), que se tornou um marco da poesia inglesa e no qual se destaca sua famosa "Balada do antigo marinheiro", um dos primeiros grandes poemas da escola romântica. Mais tarde, Coleridge escreveu o poema simbólico "Kubla Khan" e o poema místico-narrativo "Cristabel". Sua principal obra em prosa, *Biographia Literaria* (1817), é uma série de dissertações e notas autobiográficas sobre diversos temas, entre os quais se destacam suas observações literárias.

Referências na obra de Lacan

Lacan, J. (1998). De uma questão preliminar a todo tratamento possível das psicoses. Em: *Escritos*. Rio de Janeiro: Jorge Zahar. (Trabalho original escrito em 1955-56).
Lacan, J. (2003). *Outros escritos*. Rio de Janeiro: Jorge Zahar.

Referências de pesquisa

Miller, J.-A. (2005). *Silet, os paradoxos da pulsão de Freud a Lacan*. Rio de Janeiro: Jorge Zahar. (Trabalho original escrito em 1994-95).

Miller, J.-A. (Dez. 2013). O Outro sem o Outro. Em: *Opção Lacaniana, Revista Brasileira Internacional de Psicanális*e (N. 67, 17-30). São Paulo: Eolia.

XVII
O objeto Ofélia

"Hamlet and Ophelia", pena e tinta sobre papel, Dante Gabriel Rossetti, 1858.

Tema 1 - O eclipse do sujeito na tragédia do desejo

Paula Legey

Há dois modos pelos quais o sujeito pode estar em posição de eclipse: o primeiro, no código ao nível do inconsciente, ou seja, nas relações do sujeito com os significantes da demanda; o segundo, na relação imaginária que o constitui, numa postura também definida por sua relação com o significante, como afirma Lacan, mas diante de um objeto *a*.

Lacan descreve o eclipse do sujeito através do termo *"fading"*. O valor desse termo se explica por se referir a um efeito que acontece, justamente, em aparelhos de comunicação que operam através da reprodução da voz, quando a voz desaparece ou se desvanece para depois reaparecer por conta de alguma variação no aparelho. Assim, da mesma forma que se trata de um efeito que acontece no aparelho, ou seja, no suporte da transmissão, é também um momento de oscilação do sujeito. O *fading* se produz tanto diante da demanda quanto diante do objeto.

No plano da demanda, encontramos em *Hamlet* a predominância do Outro, representado por Gertrudes, sua mãe. Lacan afirma que o destino se articula em termos de significantes; o sujeito não é nada senão o avesso de uma mensagem que nem mesmo é sua, representado em *Hamlet* pelo Outro materno. No plano do objeto, por outro lado, há um elemento de articulação essencial: Ofélia, ponto nodal que encaminha *Hamlet* para um ato que ele cumpre apesar de si mesmo, e que o leva à sua própria morte.

Proposições

A - Hamlet aceita tudo que vem do outro

Hamlet é a trama de um destino profundamente dominado pelo desejo do Outro. A mãe encarna o sujeito primordial da demanda, dando corpo a um Outro todo-poderoso que aparece recorrentemente nas análises dos neuróticos. Gertrudes se apresenta como um Outro voraz, uma voracidade compatível com a potência encarnada pelo Outro, que Lacan chama aqui de "primordial". Podemos destacar nesse contexto a cena em que *Hamlet* se dirige ao quarto de sua mãe para suplicar que ela não se deite com seu tio, que não ceda às suas carícias. O ato de vingança que *Hamlet* pretende realizar cai no mesmo vazio da súplica que endereça à mãe, o que reforça sua impotência para levá-lo a cabo. O destino do

príncipe da Dinamarca revela-se irremediavelmente preso à interrogação "*Che Vuoi*", constituída e articulada nesse Outro.

Lacan afirma que Hamlet está suspenso pelo tempo do Outro, adiando o encontro com seu desejo até o final. O fundamento do comportamento neurótico é tentar ler a hora do objeto, o que no fim das contas serve para tornar o encontro impossível. A tragédia de *Hamlet* é procrastinar o encontro com o objeto, adiando esse encontro em função do que ele supõe ser a hora do outro.

B - O fading do sujeito na relação com o objeto

A fantasia se situa no ponto extremo da interrogação subjetiva "*Che Vuoi*", num plano que escapa da demanda. Isso significa que o sujeito tenta despertar, no além da demanda, a dimensão mais radical do discurso do Outro, visando reencontrar aquilo que foi perdido por sua entrada no discurso - reencontro esperado e adiado pelo neurótico, chamado por Lacan de "a hora da verdade". Lacan retoma essa expressão anos depois, no seminário 18, "De um discurso que não fosse semblante". Nesse seminário, Lacan afirma que uma mulher pode representar a hora da verdade para um homem, na medida em que coloca à prova o semblante fálico (1971-72/ 2009, p. 33).

Lacan indica a importância de Ofélia como uma isca destinada a capturar Hamlet. Lacan afirma que Ofélia se situa no nível da letra *a*, ou seja, a letra como inscrita na simbolização de uma fantasia, acrescentando que a fantasia é o substrato imaginário do desejo, algo que difere da demanda. Através da análise das relações entre Hamlet e Ofélia, Lacan indica a importância do objeto na estruturação do desejo. O desejo só se situa com relação às coordenadas fixas na subjetividade, que colocam sujeito e significante numa certa distância. Assim, o objeto do desejo não é aquele da satisfação de uma necessidade, mas é ele próprio relativizado, ou seja, colocado em relação ao sujeito na fantasia.

O objeto da fantasia é essa alteridade, imagem e *pathos*, por onde um outro toma o lugar do falo, daquilo de que o sujeito é privado simbolicamente. Assim, o objeto é aquilo em torno do que o sujeito se encontra numa alteridade imaginária. Na medida em que condensa algo que se articula à dimensão do ser, o objeto pode se tornar esse engano do ser presente na dimensão do desejo humano. O objeto *a* apresenta o mais íntimo do sujeito do lado de fora, o que gera um efeito de apagamento do sujeito, $ \$ \lozenge a $. Isso remete a uma referência já mencionada por Lacan no capítulo 5, uma observação de Simone Weil dizendo que "o avarento lamenta na perda de seu cofrinho poderia nos ensinar muito, se o soubéssemos, sobre o desejo humano" (Lacan, 1958-59/ 2016, p. 328), apontando a dimensão mais opaca do homem na relação com o objeto de seu desejo, representada pela relação do avaro com seu boné. A partir daí, Lacan aponta para o caráter de fetiche presente na função do objeto de desejo, tema que retomará em capítulos posteriores.

Autores citados

Weil, S. (1988). *La Pesanteur et la Grâce*. Paris: Librairie Plon. (Trabalho original publicado em 1947).

Simone Weil, filósofa francesa engajada no estudo das condições de vida da classe operária. Foi uma das primeiras mulheres a estudar na École Normale Supérieure. Em alguns momentos abandonou a vida acadêmica para se arriscar em empreendimentos de campo, trabalhou como operária na Renault para experimentar a vida entre os operários. Lutou na Guerra Civil Espanhola em uma unidade anarquista. Sua saúde frágil a levou finalmente a abrir mão desses empreendimentos.

Referências na obra de Lacan

Lacan, J. (1998). Subversão do sujeito e dialética do desejo. Em: *Escritos*. Rio de Janeiro: Jorge Zahar. (Trabalho original escrito em 1960).

Lacan, J. (2009). *O Seminário, Livro 18: De um discurso que não fosse semblante*. Rio de Janeiro: Zahar. (Trabalho original escrito em 1971-72).

Tema 2 - Das relações com a castração: *Hamlet* e o tempo do desejo

Patrícia Paterson

Trata-se, na tragédia, do drama do desejo em sua relação com o desejo do Outro. A mãe, Outro primordial, isto é, o primeiro a quem são dirigidas as demandas, aparece para Hamlet como não podendo escolher entre o objeto idealizado — o pai de Hamlet — e o objeto depreciado, desprezível — Cláudio. A não escolha da mãe se apresenta para o protagonista como a marca de uma voracidade que o leva a instá-la à abstinência, como tentativa de inscrever algo do desejo dela. O que está

"Ophelia", óleo sobre tela de Paul Albert Steck, 1895.

por trás da dificuldade de Hamlet de realizar a tarefa a que se propõe? Lacan indica que existe algo em torno do tempo do sujeito que o paralisa, pois embora ele procure saber qual é a hora do Outro, não se pergunta em momento algum qual é a sua hora. Hamlet está suspenso na hora do Outro, o que está relacionado à sua posição fantasmática, ou seja, com a saída encontrada para a castração.

Proposições

A - A relação de objeto é uma relação com a falta de objeto

Lacan indica que ocorre uma confusão na noção comum da relação de objeto, uma vez que grande parte das teorizações consideram o objeto apenas como pré-genital. As relações de Hamlet com Ofélia permitem "apreender de maneira particularmente viva, a relação do sujeito enquanto falante, ou seja, como submetido ao encontro marcado com seu destino, com o objeto" (Lacan, 1958-59/ 2016, p. 328). A confusão se estabelece quando se toma a dialética do objeto por uma dialética da demanda. É preciso considerar que o que chamamos de relação de objeto é sempre uma relação do sujeito com os significantes da demanda. No seminário 4, Lacan apresenta as três formas da falta de objeto: privação, frustração e castração. Esta última configura a falta simbólica e define as relações do sujeito com o Outro, uma vez que é a partir dela que a fantasia se constitui.

B - "Em seu objeto, o sujeito busca sempre ler sua hora".

A fantasia, último termo do desejo, normalmente permanece inconsciente; e envolve um enigma, pelo fato de estar articulada a uma outra espécie de cadeia significante, diferente daquela que o sujeito conduz pela via da demanda. A fantasia não chega a se tornar uma mensagem, nem alcança o significado do Outro. Em algumas fases, no entanto, ela atravessa esse limite, o que pode ser mais ou menos da ordem do patológico. É desse ponto que Lacan parte para fazer uma oposição entre neurose e perversão, em relação à fantasia e seu objeto. Na perversão, alguma coisa da relação entre o sujeito e seu ser permanece fixada em elementos imaginários, enquanto na neurose a fantasia é central, ou seja, o sujeito barrado. Assim, Lacan levanta a questão: qual a função da fantasia no desejo perverso? Enquanto a neurose caracteriza um determinado tipo especial de relação com o tempo, podemos dizer que na perversão a fantasia é fora do tempo. Lacan situa uma ênfase na relação com o espaço no campo da perversão, enquanto nas neuroses o tempo está na base das relações entre o sujeito e seu objeto. Se, na histeria, o desejo insatisfeito se estabelece mediante uma imaturidade fundamental, uma antecipação, o desejo impossível do obsessivo se traduz na procrastinação, no adiamento do ato. Podemos situar aí a estrutura de *Hamlet*, por sua dependência em relação ao Outro, que deixa ver o esforço que ele faz para ler a hora do Outro.

C - "Fazer o louco" é uma das dimensões da política do herói moderno

A estrutura de *Hamlet* envolve, por um lado, levar em questão a hora do Outro, mas Lacan não deixa de considerar os traços de loucura com que se apresenta o personagem. Vemos surgir a questão do herói moderno a partir do momento em que Shakespeare faz aparecer a loucura de Hamlet, o que se distingue de toda a tragédia antiga na medida em que, neste caso, é o fazer-se de louco que está em cena, e não a loucura como tal. Hamlet se sabia falível e, por isso, fazia o louco. Isto introduz uma dimensão nova, instaurando um novo lugar para o herói moderno. Hamlet é constrangido a fazer o louco para seguir o caminho que leva ao fim de seu ato, pois o conhecimento que tem de sua situação — à diferença, por exemplo, de Édipo — o coloca em uma posição perigosa, fadada ao fracasso e ao sacrifício.

Autores citados

Federn, P. (1952). *Ego Psychology and the psychoses*. New York: Basic Books, Inc.

Lacan cita Paul Federn como exemplo caricatural da posição de autores pós-freudianos, que teorizavam acerca da relação de objeto o tomando como objeto pré-genital.

Klein, M. (1968). L'importance de la formation du symbole dans le développement du Moi. Em: *Essais de psychanalyse*. Paris: Payot. (Trabalho original publicado em 1930).

Melanie Klein considera de forma rigorosa as etapas da relação de objeto. Contudo, ainda se encontra em suas pesquisas uma perspectiva paradoxal, quando coloca o falo como central e desde sempre presente, a despeito de sua experiência clínica apontando para a incompletude da relação de objeto.

Marx, K. (1867). O *Capital.*

Lacan faz alusão a *O capital*, obra na qual Karl Marx analisa o caráter fetiche da mercadoria e mostra que toda teoria da significação, em última instância, remete às relações inter-humanas, contrariamente ao que tentaram defender alguns críticos.

Pascal, B. (1662). *Pensées.*

Lacan cita Pascal acerca da função do herói moderno em relação ao saber: só lhe resta "fazer o louco com os outros".

Referências na obra de Lacan

Lacan, J. (1995). *O Seminário, Livro 4: A relação de objeto*. Rio de Janeiro: Zahar. (Trabalho original escrito em 1956-57).

Nesse seminário, Lacan desenvolve a teoria segundo a qual a relação de objeto é uma relação com a falta de objeto.

Tema 3 - A privação simbólica do falo e deslocamento em *Hamlet.*

Clarisse Boechat

Nesta lição, Lacan demonstra como, na fantasia, o sujeito experimenta sua própria divisão através do objeto de seu desejo. Este objeto toma lugar através daquilo de que o sujeito é privado simbolicamente - a saber, o falo. Se desde as primeiras cenas da peça percebemos a oscilação de *Hamlet* entre ser ou não ser o falo, vemos também que são variáveis as posições por onde o falo circula.

"Ophelia and Laertes", óleo sobre tela de Benjamin West, 1792.

A princípio, esse lugar é ocupado por seu pai, o rei, mas a posição se modifica com seu assassinato por Cláudio, que passa a ocupar provisoriamente o lugar do falo idealizado. Essa posição, porém, tampouco se cristaliza até o fim. A oscilação em relação ao lugar do falo torna-se ainda mais evidente no quinto ato, na cena do cemitério, onde o encontro com Ofélia, objeto feminino até então degradado, passa a encarnar o drama do desejo. Se nessa cena Ofélia se constitui como objeto no desejo de *Hamlet*, este objeto se apresenta como irremediavelmente perdido.

A expressão de Lacan "objeto no desejo" parece apontar para o caráter móvel e transitório dos objetos do desejo, sem que nenhum deles possa vir a ocupar essa posição de forma definitiva, apenas transitando por ela metonimicamente, de acordo com as coordenadas da fantasia.

Proposições

A - Ofélia na sepultura, um encontro mortal
Lacan nos apresenta toda uma ambiguidade na localização de

Ofélia como objeto *a* na fantasia de Hamlet. Ofélia oscila para Hamlet em seus papel de objeto sublime, inalcançável, mas também como objeto degradado sobre o qual também recai a sombra da figura decaída de Gertrudes. No tocante a Ofélia, é apenas na cena da sepultura que se dá o momento preciso a partir do qual ela se constitui de fato como objeto *a* para Hamlet; apenas como perdida, morta, inalcançável é que ela pôde ser desejada, se enquadrar na fantasia de Hamlet.

Na lição de 22 de abril de 1959, Lacan nos diz que "o furo da perda no real mobiliza o significante. Esse furo dá lugar à projeção do significante faltoso, essencial à estrutura do Outro". Estando morta, Ofélia introduz a falta no Outro, realiza a função do falo como elemento significante subtraído à cadeia; a falta encarnada por Ofélia é duplicada como a falta no Outro S(A̸), que Laertes representa para Hamlet. Em "Do real em uma psicanálise", Éric Laurent (2014, p. 53) afirma que "o ponto crucial da experiência de *Hamlet* é apresentar na cena a tumba de Ofélia como furo enquanto tal, que encarna o furo na língua, o S de A barrado".

A assunção de Ofélia como objeto *a* para Hamlet põe em jogo também uma identificação imaginária, que parece guardar aquilo que Lacan qualifica como "caráter opaco" da relação especular. Na cena do cemitério, se desencadeia para Hamlet uma espécie de furor relacionado ao feminino, através da visão de Ofélia morta. Laurent (2014, p. 55) entende que "a passagem ao ato de Hamlet é causada pela báscula de Ofélia, depois de sua morte, da posição de falo idealizado à de resto de objeto *a*". Há uma identificação enigmática com a perda, com o puro corte a partir do qual Hamlet se precipita na luta contra sua própria imagem especular — a saber, Laerte. Como o objeto Ofélia, Hamlet, também ele, acaba por desaparecer por meio de seu ato.

B - O furo do real comparece na cena do cemitério

Na cena do cemitério, Hamlet encontra Laerte, irmão de Ofélia, precipitado em grande dor sobre o túmulo de sua irmã, para onde seu corpo acabara de descer. Laertes joga-se no túmulo e pede que não a sepultem ainda, para que ele possa mais uma vez tomá-la em seus braços. Nesse momento preciso, Hamlet se aproxima e indaga quem seria aquele "cujo luto carrega tal ênfase". Contudo, antes mesmo que Laerte pudesse responder, ele mesmo diz: "Pois sou eu, Hamlet, o dinamarquês" (Shakespeare, 1600/ 2003, ato V, cena 1, pp. 220-225).

Nesta cena, Laerte parece ser o duplo de Hamlet, numa espécie de identificação imaginária em que Hamlet encontra sua imagem especular em Laerte como i(a) em i'(a). Afinal, é através das palavras e do pranto de Laerte que Hamlet vem a saber que Ofélia é morta. Capturado pela dor de Laerte, Hamlet se lança em uma disputa sobre quem experimentava ali a maior dor, se ele ou Laerte, sendo introduzida a dimensão inencontrável do objeto *a* da qual Hamlet se desvia. O drama do desejo de Hamlet gira na impossibilidade de fazer o luto, primeiro por seu pai, depois por Ofélia, furo da morte diante do qual ele literalmente se apaga, morre — furo sorvedouro no real, que coincide com o furo da língua.

Autores citados

Shakespeare, W. (2003). *Hamlet.* (Tradução interlinear e notas de E. Funck). São Leopoldo: Editora Unisinos. (Trabalho original encenado em 1600).

Referências de pesquisa

Laurent, É. (2014). Do real em uma psicanálise. Em: A. L. Holck & T. Grova (Orgs.). *Ao pé da letra: leituras e escrituras na clínica psicanalítica.* (47-78). Belo Horizonte: Subversos.

XVIII
LUTO E DESEJO

Tema 1 - Hamlet entre a procrastinação e a precipitação de sua perda

Leonardo Scofield

Lacan inicia esta lição retomando a fatalidade em *Hamlet* e seu valor eminente. Toda a tragédia é marcada essencialmente pela procrastinação do personagem, que está sempre no tempo do Outro. Os atos de Hamlet, porém, são precipitações de algo para além dele mesmo e de suas decisões. Lacan localiza suas precipitações na dimensão da conclusão, do que escapa. Resta saber qual o signo particular da hora de sua perda, o que atribui a seu ato um valor problemático.

Proposições

A - O que falta a Hamlet está além das aproximações que habitualmente sugerimos

Lacan busca localizar na tragédia de Hamlet uma orientação clínica, investigando, a partir do que falta ao personagem, algo que esteja além do que sugerimos aos pacientes, como se lhe faltasse um objetivo. Hamlet seria aquele que "não sabe o que quer" — esta seria uma aproximação com a qual poderíamos nos contentar. Lacan, porém, nos adverte que a estrutura do desejo está para além disso. O objeto que falta é sempre metonímico, não sendo exclusivo como "objetivo", mas inapreensível, exercendo a função de causa do desejo.

B - Não é o objeto da ação humana que ocupa um lugar no desejo, e sim o objeto de desejo

Lacan introduz o capítulo situando a posição de objeto de Hamlet na tragédia; e localiza na tragédia determinações concretas das ações de Hamlet, quando evoca a fantasia (\$ ◊ *a*) para advertir que não se trata apenas de um formalismo.

Essa fórmula \$ ◊ a se inscreve face à questão colocada ao Outro: "*Che vuoi?*" No entanto, é uma questão sem resposta, salvo pelo percurso analítico da exploração do discurso inconsciente.

A fórmula da fantasia quer dizer que um sujeito (\$) é privado de algo próprio, que toma valor de significante (o falo). Para que isso ocorra, um objeto particular torna-se um objeto de desejo, que difere do objeto de alguma necessidade e do objeto no desejo. O objeto no desejo toma lugar do que resta oculto para o sujeito, do que ele sacrifica de si e que resta atrelado ao significante. Algo se torna objeto no desejo porque alguma coisa toma o lugar disso que resta inacessível. Desta forma, propomos que o objeto da ação humana não é o que ocupa lugar no desejo, ou seja, os objetos cotidianos não viriam substituir o oculto, que seria o objeto de desejo.

C - Raiz de menos um é o correspondente do objeto em sua função significante, sem poder ser subjetivado.

Lacan observa que é da função do desejo que devemos nos aproximar, e que o objeto do desejo é essencialmente diferente do objeto da necessidade. E diz que vai se servir de uma fórmula matemática para criar a metáfora de um número imaginário, a raiz quadrada de menos um. "Com efeito, se há algo que não corresponde ao que quer que seja de intuível" (Lacan, 1958-59/ 2016, p. 351), coisa que demanda, no entanto, ser conservada em sua plena função: a relação do objeto com o elemento obscuro.

A raiz quadrada de menos um não corresponderia aos números reais, tanto quanto a função significante não alcançaria o objeto real. Sua verdadeira função só poderia ser apreendida na relação do sujeito \$ com o objeto *a*, onde este tenha seu valor máximo de oculto, não podendo, assim, ser subjetivado.

Referências na obra de Lacan

Lacan, J. (1998). Subversão do sujeito e dialética do desejo no inconsciente freudiano. Em: *Escritos*. Rio de Janeiro: Jorge Zahar. (Trabalho original publicado em 1960).

Tema 2 - O ato terminal de *Hamlet*

Mirta Zbrun

"Young Man with a Skull", óleo sobre tela de Frans Hals, circa 1626.

O ato terminal de *Hamlet* é aquele no qual ele lança no cumprimento de sua ação todo o peso de sua vida. É um ato merece ser chamado de ato, pois em torno dele "reina um clima de trombeta e caça". No momento em que o gesto é executado, Hamlet é também o servo indefectível de Diana, assinala Lacan. Desse modo, alguma coisa no ato terminal mostra a estrutura mesma da fantasia, $ \lozenge a$. Laerte, destinatário do ato de Hamlet, é a imagem do outro com todo o seu brilho, aquele a quem se contempla, cuja presença mostra todo o seu valor e todos os seus méritos. É sob esta perspectiva que Hamlet avalia Laerte, antes do duelo que desencadeia seu ato final.

Proposições

A - Cinismo e maldade incríveis determinam o complô urdido por Cláudio e Laerte

Hamlet é o sujeito que não sabe e que não deseja saber, aquele em torno do qual se fecha o complô urdido com cinismo e maldade incrível por Cláudio e Laerte. Quaisquer que possam ser as razões de ambos, provavelmente está também implicado o cortesão que veio propor a Hamlet o torneio onde se ocultava o complô do qual ele seria a vítima.

B - Agir, fazer, consumar: as consequências dos três momentos do ato

Se Ofélia se afogou voluntariamente, isso foi um ato. Todo ato, diz a personagem, teria três vertentes: agir, fazer, consumar. E conclui: logo, *ergo*, ela teria cometido suicídio. Porém, cabe ao magistrado o recurso da dúvida em relação às intenções e ao ato de Ofélia, e ele decide que ela deve ser enterrada em sepultura cristã, pois pode ter se afogado em defesa própria. De que se estaria se defendendo a personagem? De seu amor não correspondido? Ela amaria mais o próprio irmão do que o indeciso e vacilante Hamlet? Tais interrogações não são resolvidas na peça, o que comprova que o desejo humano é sempre da ordem da lei: a pessoa ama dentro de seus limites. Lacan enuncia assim sua fórmula já clássica: o desejo é a Lei.

Tema 3 - A espada de Laerte feriu *Hamlet* de morte

Mirta Zbrun

A espada de Laerte, que o feriu de morte, é a mesma que vai se encontrar à mão para atingir seu percurso e ao mesmo tempo matar seu adversário e o objeto último de sua missão, o rei, que Hamlet deve fazer perecer imediatamente depois. O fato de que Hamlet seja um personagem angustiante não deve dissimular o fato de que sua tragédia leva ao nível do zero esse louco, esse palhaço, esse fazedor de palavras. Se, por alguma razão, se retirasse essa dimensão de Hamlet da peça de Shakespeare, quase toda a peça desapareceria, afirma Lacan, porque está interessado na honra, no que Hegel chama "a luta por puro prestígio", interessado por honra naquilo que vai opô-lo a um rival que ele muito admira.

Kenneth Branagh em Hamlet, 1996.

Proposições

A - Hamlet e seu duplo se defrontam face à morte

O que está em jogo para Cláudio, o tirano, usurpador e assassino de Hamlet, é desmascarar as intenções de Hamlet, porque ele faz o louco. Eis, portanto, a característica da constelação na qual se estabelece o "ato último", o duelo entre Hamlet e seu semelhante, o duplo mais bonito que ele mesmo. Esse elemento do esquema lacaniano, da identificação imaginária que Lacan escreve como i(a) no nível inferior do grafo do desejo, é o que num instante se redefine para Hamlet em seu encontro face a face com Laerte. "Hamlet, para quem nenhum homem ou mulher é mais que sombra inconsistente e pútrida, encontra um rival à sua altura nesse semelhante remodelado, cuja presença vai lhe permitir, ao menos por um instante, sustentar o desafio humano de ser, ele mesmo, ele também, um homem" (Lacan, 1958-59/ 2016, p. 357).

B - O ciúme e o luto de Hamlet como pontos salientes da tragédia

Na cena do cemitério, podemos ver em *Hamlet* um cruzamento singular: trata-se, ao mesmo tempo, do ciúme e do luto. Desse modo, caberia a pergunta sobre que relação haveria entre o esquema da identificação imaginária i(a) e a constituição do objeto no desejo e no luto. Para respondê-la é necessário considerar as características, manifestas ou distantes, do que se apresenta como mais saliente na trama: os sentimentos enigmáticos de ciúme e de luto que invadem o espírito do personagem Hamlet, que, ao mesmo tempo, sofre e protagoniza a tragédia.

C - O ato do cemitério mostra o insuportável ciúme de Hamlet no enterro de Ofélia

Torna-se insuportável para Hamlet a ostentação e vaidade [*vanitas*] na atitude de Laerte, no momento do enterro de sua irmã Ofélia. Como reza o provérbio: "Vaidade das vaidades, tudo é vaidade". O fato de seu parceiro Laerte ostentar seu luto pela morte da irmã torna-se insuportável para Hamlet, que se encontra assim arrancado de si mesmo, abalado, sacudido nos seus fundamentos de sujeito a ponto de não poder tolerá-lo:

> Mostra-me o que saberás fazer. Chorarás, lutarás, jejuarás? (...) Eu farei isso. Vieste aqui choramingar, me desafiar saltando em sua tumba? Manda te enterrarem vivo com ela, eu também o farei. E se tagarelas sobre as montanhas, que joguem sobre nós milhões de arpentes, tanto que perto do cume deste montículo que arderá na zona de fogo, Ossa parecerá uma verruga! E se berrares, vociferarei. (Shakespeare, *apud* Lacan, 2016, p. 358)

Dessa passagem se conclui que aquele que mais se admira é o que mais se combate, pois aquele que é o ideal do eu é também aquele que, segundo a fórmula hegeliana da impossibilidade da coexistência, logo se deve matar.

Autor citado

Jones, E. (1970). *Hamlet e o Complexo de Édipo*. Rio de Janeiro: Jorge Zahar. (Trabalho original publicado em 1949).

Referências de pesquisa

Shakespeare, W. (1955). *A tragédia de Hamlet, Príncipe da Dinamarca*. Rio de Janeiro: Livraria José Olympio Editora. (Trabalho original encenado em 1600).

XIX

FALOFANIAS

Mirta Zbrun e Maria Aparecida Malveira

"Hamlet and the Ghost of his Father", pena e grafite sobre papel, Eugène Delacroix, 1843.

A seguir, o leitor poderá acompanhar a pesquisa dos capítulos 19, 20, 21 e 22. Lacan avança nos seus desenvolvimentos acerca da "estrutura" do sujeito Hamlet na peça de Shakespeare, e o faz no percurso do desejo, evidenciando as dissimetrias entre Édipo e Hamlet enquanto conduz o leitor na construção da fantasia ($ \$ \Diamond $ a) ao percorrer as duas linhas do grafo do desejo: a inferior, a da cadeia do significante, e a superior, que vai do gozo à castração.

Nossa pesquisa nos leva a concluir que a tragédia *Hamlet*, segundo a leitura lacaniana, expõe o estatuto real do *sujeito Hamlet*, cujo destino o coloca na presença de um *ghost*, um Outro que foi seu pai. Lacan cita Freud, quando este assinala que se experimenta o complexo de Édipo na posição triangular pai-mãe-criança: o sujeito rival do pai sente a ameaça da castração. No capítulo 22, "A fantasia fundamental", vemos que há uma diferença entre o sonho freudiano do pai morto, em que o pai morto aparece diante do filho traspassado de dor, e a dor em *Hamlet*, onde o pai sabe que está morto e comunica isso a seu filho.

Isso distingue fundamentalmente a "cena" nos dois casos. No *Hamlet* de Shakespeare, tal como aparece no enredo, os únicos a saber da morte do pai são o pai e o filho. Há dois que sabem, dos quais um é o *ghost* (o fantasma), que se torna a representação de um paradoxo que a obra de arte pode fomentar. A função do *ghost* se impõe desde o início. Sabe-se que o assassinato ocorreu, todo mundo sabe que houve um crime, mas Hamlet se finge de louco para dissimular suas intenções.

Lacan assinala que não poderia deixar de ficar surpreso, sensibilizado, até mesmo comovido por encontrar na leitura dos *Sonnets* de Shakespeare um ponto absolutamente extremo e singular do desejo.

> Entrar pelo caminho dos *Sonnets* nos permitirá esclarecer m pouco mais de perto a dialética do sujeito com o objeto de seu desejo, quando o objeto, desaparecendo, evanescendo lentamente, por alguma via — a principal sendo a do luto — faz manifestar-se por um tempo — um tempo que só subsiste no clarão de um instante — a verdadeira natureza daquilo que lhe corresponde no sujeito, a saber, o que chamarei de aparições do falo, as *falofanias*. (Lacan, 1958-59/ 2016 p. 379)

Um pouco mais tarde, no seminário 8, "A transferência", Lacan dedica vários capítulos à questão do falo e da castração. Na página 244, ele esclarece que aquilo que na obsessão chamamos de agressividade se apresenta sempre como uma agressão contra essa forma de aparição do Outro que ele nomeou, em outros tempos, de *falofania*, o Outro quando se apresenta como falo. Golpear o falo no Outro para curar a castração simbólica, golpeá-lo no plano imaginário, é a via escolhida pelo obsessivo para tentar abolir a dificuldade que ele designa sob o nome de "parasitismo do significante" no sujeito, restituindo ao desejo sua primazia ao preço de uma degradação do Outro, essencialmente em função da elisão imaginária do falo.

O *falo*, na tragédia de *Hamlet*, é representado por Cláudio, encarregado de encarná-lo.

Tema 1 - A tragédia de *Hamlet* e a tragédia do desejo

Lenita Bentes

O luto de Hamlet: é disso que a peça trata incessantemente; "o luto de Hamlet introduz uma mediação com relação ao que o luto abre como hiância". Hamlet não pode fazer o luto do pai, que não cessa de retornar do real — neste caso, da morte. Hamlet sempre retorna ao fato de que os lutos — o de Polônio, por exemplo — são "abreviados e clandestinos", feitos "às pressas por motivos políticos".

Lacan discute o enterro de Ofélia, enterrada em terra cristã, o que em caso de suicídio deveria ser proibido. Alguma coisa do rito cristão lhe é concedida, uma série de ocorrências durante o sepultamento indica que os cânones rituais foram ultrapassados. Temos aí os traços da relação entre o drama do desejo e tudo o que se refere às exigências do luto.

Proposições

A - Do objeto ao desejo
Quando faz o luto, o sujeito se identifica com ele, está sob sua sombra, o que difere de sua relação com o objeto que o causa. Teríamos aí duas faces que na análise não são articuladas? Em *Hamlet*, o luto é a continuação, a sequência do crime de onde parte o drama.

B - A tragédia de Édipo e a tragédia de Hamlet
Édipo, o herói trágico, renova o renascimento da lei. O crime se produz em Édipo ao nível da geração do herói. Em *Hamlet*, ele já se produziu, no nível da relação precedente.

C - Dois pontos de partida: onde está o crime?
Em *Hamlet*, diferentemente de Édipo, a trama do crime parte de sua denúncia, do crime revelado, posto em seus ouvidos como o veneno que matou seu pai. As palavras do pai são como o *hebenon*, puro veneno a ser levado ao ato.

Tema 2 - "O algo de podre que o pobre Hamlet deve endireitar tem a mais estreita relação com a posição do sujeito perante o falo"

Neste capítulo, "Falofanias", Lacan explicita as dissimetrias entre Édipo e Hamlet. Em Édipo, "o crime se produz no nível da geração do herói sem que o herói saiba o que está fazendo, guiado, de certo pelo *fatum;* em *Hamlet* o crime é executado de forma deliberada, já que o é, inclusive, por traição" (Lacan, 1958-59/ 2016, p. 364). Em *Hamlet*, "o crime surpreende aquele que é sua vítima, o pai, no seu sono, e há nesse sono algo absolutamente não integrado. Se em Édipo o herói encena o drama tal como cada um de nós o repete em seus sonhos, em *Hamlet* o pai foi realmente surpreendido de um modo completamente alheio ao *phylum* dos pensamentos que seguia então. Como ele indica: Fui surpreendido *na flor dos meus pecados*" (Lacan, 1958-59/ 2016, p. 364).

Com relação ao S(Ⱥ), em *Hamlet* esse significante é encarnado na figura do pai, na mensagem do pai que abre o drama no começo, em que vemos o Outro se revelar sob a forma mais significante, como um Outro barrado.

Na progressão da investigação, isso vai levar àquilo de que se trata no pagamento, na punição, na castração, e que se dirige ao significante falo. Lacan articula o falo e o luto que o sujeito tem de fazer, esclarecendo que no mecanismo do luto leva-se em conta que o falo não é um objeto igual aos outros.

O *algo de podre* que o pobre Hamlet deve endireitar tem a mais estreita relação com sua posição de sujeito perante o falo.

Proposições

A - O falo não está engajado em nada e escorrega sempre por entre os dedos

Em "A significação do falo" (Lacan, 1958/ 1998a, p. 696), Lacan esclarece que na doutrina freudiana o falo não é uma fantasia, caso se entenda por isso um efeito imaginário. Tampouco é um objeto (parcial, interno, bom, mau) na medida em que esse termo tende a desprezar a realidade implicada numa relação e mais ainda o órgão que ele simboliza, pênis ou clitóris. Na economia intrassubjetiva da análise, o falo é um significante cuja função levanta, quem sabe, o véu daquilo que era mantido envolto em mistérios, pois ele é o significante destinado a designar, em seu conjunto, os efeitos de significado, ao passo que o significante os condiciona por sua presença de significante. É a partir da configuração significante como tal, e de ser o lugar do Outro, que sua mensagem é emitida.

Neste capítulo, Lacan analisa a mensagem contida na frase "*The body is with the king*", que encerra um enigma singular do estilo de *Hamlet*, mantido fechado para seus autores. Na frase, Hamlet não emprega a palavra *corpse*, mas *body*. Lacan pede para observarmos o trecho "*but the king is not with the body*", e nele substituir a palavra *rei* pela palavra *falo*, acrescentando que "o corpo está engajado nesse negócio do falo", mas que "o falo não está comprometido com nada e sempre escorrega por entre os dedos" (Lacan, 1958-59/ 2016, p. 378).

B - O falo é alguma coisa de real, ainda não simbolizada

Lacan interroga o enigma do Édipo: "Qual é, afinal o enigma?" E esclarece que "não se trata simplesmente de o sujeito ter desejado o assassinato do pai e a violação da mãe, mas que é inconsciente" (Lacan, 1958-59/ 2016, p. 369).

No curso do período de latência, que é "a fonte dos pontos de construção de todo o mundo objetivo, o sujeito não se ocupa mais disso". Freud admite, assinala Lacan, "ao menos na origem de sua articulação doutrinal, que o ideal seria que não mais se ocupar disso se tornasse algo felizmente definitivo" (Lacan, 1958-59/ 2016, p. 369). Mais tarde, conforme Freud, "o Complexo de Édipo entra em sua *Untergang*, seu descenso, seu declínio, peripécia decisiva para todo o desenvolvimento posterior do sujeito".

Lacan assinala que, conforme Freud, "é preciso que o complexo de Édipo tenha sido vivido, experimentado, sob as duas faces de sua posição triangular. Na medida em que o rival do pai quer tomar seu lugar deste, ele é objeto de uma ameaça concreta, que nada mais é que a castração: será castrado. Na medida em que ele tome o lugar da mãe, é isso literalmente o que Freud diz, ele também perderá o falo, pois, no ponto de conclusão, de maturidade do Édipo, ocorre também a descoberta plena de que a mulher é castrada".

É assim que, no plano de sua relação com essa coisa que se chama falo, o sujeito se vê prisioneiro de uma alternativa fechada, que não lhe deixa nenhuma saída. Essa situação-chave, cuja chave é o falo, constitui o drama essencial do Édipo, na medida em que marca no sujeito a articulação e a virada que faz o sujeito passar do plano da demanda para o do desejo. Lacan assinala a *coisa*, não o *objeto*, já que se trata, de certo modo, da potência de sê-lo. Em resumo, é o que podemos chamar, em sentido difuso, um significante.

O falo é apresentado por Freud como a chave da *Untergang* do Édipo. O Édipo começa a declinar quando o sujeito entra, com respeito ao falo, numa relação que é, podemos dizer, de lassidão — conforme está no texto freudiano. Nesse momento, o sujeito admite que não há nenhuma gratificação a esperar nesse plano; sabe que o surgimento articulado da *coisa* não irá se produzir, e renuncia a estar à altura. Freud articula isso a propósito do menino, e mais ainda a propósito da menina, pois a coloca numa posição que não digo que seja dissimétrica, mas que não é *tão* dissimétrica. (Lacan, 1958-59/ 2013, p. 369)

Autores citados

Shakespeare, W. (1969). *Sonnets*. (Trad. Para o francês P.-J. Jouve). Paris: Mercure de France. (Trabalho original publicado em 1609).

Os sonetos de Shakespeare perfazem um conjunto de 154 poemas publicados em 1609, embora as datas em que foram escritos sejam imprecisas. Tratam de assuntos como amor, beleza, política e mortalidade.

Referências na obra de Lacan

Lacan, J. (1998b). Resposta ao comentário de Jean Hyppolite sobre a *Verneinung* de Freud. Em: *Escritos*. Rio de Janeiro: Jorge Zahar. (Conferência proferida em 1954).

Lacan, J. (1998a). A significação do falo. Em: *Escritos*. Rio de Janeiro: Jorge Zahar. (Conferência proferida em 1958).

Lacan, J. (2013). *Le Séminaire livre VI, Le désir et son interprétation*. Paris: Ed. De La Martinière et Champs Freudien Éditeur. (Trabalho original escrito em 1958-59).

Lacan, J. (1992). *O Seminário, Livro 8: A transferência*. Rio de Janeiro: Jorge Zahar. (Trabalho original escrito em 1960-61).

A DIALÉTICA DO DESEJO

XX
A FANTASIA FUNDAMENTAL

Tema 1 - A articulação verdadeira e a articulação sincrônica

Patrícia Paterson e Paula Legey

Neste capítulo, Lacan define o propósito de sua pesquisa como o esforço de recapturar o que é do desejo e situá-lo na sincronia, pontuando que, desenvolvida sob a perspectiva diacrônica - perspectiva própria do discurso inconsciente —, sua pesquisa foi fecunda. Lacan, no entanto, considera que só através da sincronia poderá avançar no que diz respeito à relação essencial entre o sujeito e o significante.

Proposições

A - A estrutura da linguagem como sistema sincrônico legitima a busca da função do desejo na diacronia

O mecanismo de remissão infinita, que nos apresenta o desejo sempre de forma articulada, supõe em seu princípio alguma coisa que dele necessita. Ou seja, se toda interpretação, como formação simbólica, evoca a remissão significante, ela remete, necessariamente, a uma estrutura da linguagem como sistema sincrônico.

Com esta abordagem, partindo da contradição entre o princípio do prazer e o princípio de realidade na teoria freudiana, Lacan desenvolve uma perspectiva que se contrapõe às formulações dos psicanalistas pós-freudianos, que postulavam a correspondência entre determinada constituição do objeto e certa maturação da pulsão.

Desse modo, seu estudo tem por fim resgatar o sentido e a importância da formulação freudiana inicial, mostrando a radicalidade da afirmação do pensamento inconsciente feita por Freud e a função do desejo para além da visada adaptativa, sustentada por alguns analistas.

B - A coisa freudiana e o desejo

A descoberta essencial de Freud foi o fato, até então desconhecido, de que a castração está implicada sempre que o desejo se manifesta de forma clara. Na medida em que o sujeito é desejo, ele está em presença da castração iminente e, portanto, sempre em relação com o objeto. É neste sentido que a perspectiva sincrônica aparece como tão essencial, uma vez que, em sua relação com o significante, o sujeito precisa pagar o preço da castração para poder se nomear, se designar como tal. A fantasia fundamental entra nessa dinâmica assegurando ao sujeito um suporte que, como sabemos, se expressa por sua estrutura mínima. A fantasia fundamental, diz Lacan, é a forma verdadeira da pretensa relação de objeto, uma vez que põe em cena a falta, isto é, a relação com a falta de objeto. Dessa maneira, uma vez que se articula como demanda, o desejo produz sempre um resíduo, que conhecemos como "objeto *a*", expressão da falta propriamente dita.

Neste capítulo 20, "A fantasia fundamental", Lacan afirma que "o objeto *a* é efeito da castração", enquanto "o falo é o objeto da castração" (Lacan, 1958-59/ 2016, p. 395). O objeto é situado como algo real tomado numa relação imaginária, conduzindo a uma relação significante pura e simples. O que a faz fracassar é precisamente o que permitiria ao sujeito se identificar como sujeito do discurso que ele porta. Ao contrário, na medida em que esse discurso é o discurso do inconsciente, o sujeito desaparece, e paga o preço necessário: a castração. Enfim, para situar a relação sincrônica em articulação com os elementos da dialética do desejo, Lacan propõe um esquema que ilustra uma operação de divisão: Outro primordial dividido por Demanda. Partindo da demanda de amor a um Outro, que supõe ser consistente, o sujeito se constitui enquanto barrado, a partir da barra que precisa supor no Outro, quando cai por terra a garantia no nível da verdade que sustentava sua fé na palavra, representada em última instância pelo Outro. Afirma-se, assim, a inexistência do Outro do Outro, o A barrado, Ⱥ, do qual o luto do falo é uma saída possível, uma vez que representa para o sujeito o que está perdido desde sempre.

Autores citados

Boehm, F. (1930). The femininity complex in men. Em: *International Journal of Psycho-Analysis*. (Vol. 11, 444-469).

Felix Boehm, psicanalista alemão que continuou exercendo a psicanálise na Alemanha no período dominado pelos nazistas. Sua ligação com o nazismo é controversa. Especializou-se no estudo da homossexualidade, e "The femininity complex in men" é um de seus artigos mais importantes.

Hartmann, H. (1964). *Essays on Ego Psychology.*

Heinz Hartmann foi um dos principais expoentes da corrente que ficou conhecida como "Psicologia do ego". Trata-se de uma vertente da psicanálise surgida nos anos de 1920 nos Estados Unidos, cujos conceitos e princípios fundamentais foram duramente criticados por Lacan. Baseada na segunda tópica freudiana, essa vertente propõe o conceito de autonomia do ego, defendendo uma aliança terapêutica entre a chamada "parte sadia" do ego do paciente e o ego do analista, visando submeter o id ao controle do ego. A crítica de Lacan se refere ao princípio da psicologia do ego em si, que ignora o cerne da descoberta freudiana de que "o eu não é senhor em sua própria casa" (Freud, 1917/ 1996).

Weil, S. (1988). *La Pesanteur et la Grâce.* Paris: Librairie Plon. (Trabalho original publicado em 1947).

Referências de pesquisa

Freud, S. (1996). Uma dificuldade no caminho da psicanálise. Em: *Edição standard brasileira das obras psicológicas completas.* (Vol. XVII). Rio de Janeiro: Imago. (Trabalho original publicado em 1917).

Tema 2 - O anúncio de uma torção, um matiz de prazer no desejo

Clarisse Boechat e Paula Legey

Apesar de o momento de virada — em que o objeto *a* na fantasia assume uma conotação referida ao gozo — acontecer mais para o final do seminário 6, Lacan já neste capítulo mostra um movimento notável nessa direção. Quando opta no capítulo 20, "A fantasia fundamental", por identificar o desejo ao termo *"Lust"*, ao invés de *"Wunsch"*, Lacan coloca que é impossível não perceber na psicanálise "algo que concerne ao homem de uma maneira a um só tempo nova, séria e autêntica" (Lacan, 1958-59/ 2016, p. 380) — aquilo a que ele chamou "a coisa freudiana", e que é mencionada pela primeira vez. Nesse caso, Lacan parece privilegiar uma conotação que destaca o prazer, ao invés de destacar sua representação.

"The Garden of Earthly Delights", tríptico, óleo sobre painéis de carvalho de Hieronymus Bosch, 1490-1510.

O desejo como "coisa freudiana", diz Lacan, "é algo que testemunha a especificidade do problema em torno do qual essa busca está enganchada" (Lacan, 1958-59/ 2016, p. 380). O testemunho dado pelo desejo, "coisa freudiana", contorna um ponto de opacidade. O "entorno" está em destaque não apenas nessa passagem, mas também em outra anterior: "o testemunho [da Coisa] é dado a cada dia pela formidável verborragia que há *ao seu redor*" (grifamos) (Lacan, 1958-59/ 2013). Tal como a boca voraz de Hieronymus Bosch, buraco que se destaca da tela alimentado pelos corpos, o palavrório que há em torno do desejo parece nunca se saciar, nunca atingir o alvo da satisfação que está em jogo, circunscrevendo uma borda de gozo.

Proposições

A - O gozo turva a percepção do objeto

Esse caráter gozoso do desejo, ávido por satisfação, turva a percepção do objeto quando surge na experiência analítica. O desejo como

Lust, "coisa freudiana", "degrada" a apresentação do objeto, "o desordena, o avilta, em todo caso o abala, às vezes chega até a dissolver aquele que o percebe, isto é, o sujeito" (Lacan, 1958-59/ 2013). É impressionante como o conceito de *das Ding*, "a coisa" — que receberá tratamento especial no seminário subsequente, "A ética da psicanálise" —, já se esboça aqui na referência de Lacan ao desejo como "coisa freudiana": trata-se do desejo marcado por um caráter turvo, que lança sombra sobre o objeto e o avilta.

A "coisa freudiana" abre aqui uma discreta passagem, que, contudo, parece visar o real. No mais, o objeto que abala e "às vezes chega até a dissolver aquele que o percebe, isto é, o sujeito", parece ser também uma insinuação ainda pálida, que guarda estrita semelhança ao que, no seminário 11, Lacan irá conceituar como *fading* do sujeito, diante do objeto *a*.

B - O marco de a é opaco

Em "Do real em uma psicanálise", Éric Laurent (2014, p. 49) comenta a "ruptura surpreendente introduzida pelo seminário 6 nos laços do desejo e da fantasia com o gozo". Sendo o objeto um elemento constitutivo da fantasia fundamental, é oportuno verificar neste capítulo que a manobra de Lacan consiste no deslocamento desse objeto, de um eixo até então predominantemente imaginário, para um estatuto mais real. Nesta manobra, que estreita os laços entre a fantasia e o gozo, Lacan assevera: "*a*, ele, não é um símbolo, é um elemento real do sujeito" (Lacan, 1958-59/ 2013).

Lacan afirma que "o *a* minúsculo é um termo obscuro que participa de um nada, ao qual ele se reduz. É para além desse nada que o sujeito vai buscar a sombra de sua vida inicialmente perdida" (Lacan, 1958-59/ 2016, p. 400). O *a* aqui está tensionado, é um "resíduo" que, apesar de "se reduzir a um nada", vai engendrar para além desse nada a busca por algo que se perdeu, mas que ainda exerce certa influência, um resíduo de opacidade que o simbólico fracassa em negativar, mas que continua a perturbar, a mover. Trata-se de uma formalização em curso, uma pesquisa em pleno andamento.

Autores citados

Bosch, H. Hieronymus Bosch, pintor holandês que viveu entre os séculos XV e XVI. Suas obras com frequência retratam cenas de tentação, com muitas pequenas figuras e cenas detalhadamente representadas. Uma de suas obras mais famosas é o tríptico "O jardim das delícias terrenas", elaborado entre 1490 e 1510.

Glover, E. (1933). The relation of perversion-formation to the development of reality-sense. Em: *International Journal of Psycho-analysis*. (Vol. XIX, n. 20, 486-503).

Edward Glover foi um importante psicanalista da escola inglesa, que se opôs veementemente às teses de Melanie Klein e sua predominância na Sociedade Britânica de Psicanálise. Lacan toma seu artigo como exemplo de tentativa de redução dos caminhos do desejo a uma etapa preparatória na adaptação à realidade. Glover afirma que há em alguns autores do campo psicanalítico uma tendência a fazer convergir o desenvolvimento do desejo com uma tendência natural preestabelecida, como se houvesse uma espécie de maturação do desejo que levaria à sua adequação à realidade. O que Lacan destaca, contudo, é a onipresença da função perversa, ou seja, o caráter sempre desviante do desejo, que não caminha rumo a uma forma definitiva mais desenvolvida.

Jones, E. (1951). A psychoanalytic study of the Holy Ghost concept. Em: *Essays in Applied Psychoanalysis*. (Vol. 2, 358-375). London: The Hogarth Press and the Institute of Psychoanalysis. (Trabalho original escrito em 1922).

Trata-se de um ensaio em que Jones aborda o nascimento de alguns mitos cristãos, particularmente, a Santíssima Trindade e a função do espírito santo. Jones sugere que o Espírito Santo — *the Holy Ghost*, em inglês, a que Shakespeare faz alusão com o pai-fantasma de *Hamlet* — seria uma apresentação da mãe fálica. Sua hipótese é de que Maria e o Espírito Santo equivaleriam, na mitologia pagã, à Grande Deusa, dividida em dois no Cristianismo. Assim, o elemento feminino teria sido banido da Trindade para valorizar o poder do Deus Pai. Nesse artigo, Jones também faz referência à mitologia cristã da concepção de Jesus através da respiração de um pombo, figuração do Espírito Santo, que entra pelo ouvido de Maria. Assim, a respiração aparece onde esperaríamos encontrar um representante fálico. Jones associa isso a uma teoria sexual infantil, já estudada por ele, segundo a qual a concepção de uma criança aconteceria através da passagem de gás intestinal do pai para a mãe.

Referências na obra de Lacan

Lacan, J. (1997). *O Seminário, Livro 7: A ética da psicanálise.* Rio de Janeiro: Jorge Zahar. (Trabalho original escrito em 1959-60).

Lacan, J. (1998). *O Seminário, livro 11. Os quatro conceitos fundamentais da psicanálise.* Rio de Janeiro: Jorge Zahar. (Trabalho original escrito em 1964).

Referências de pesquisa

Laurent, É. (2014). Do real em uma psicanálise. http://www.congresamp2014.com/pt/template.php?file=Textos/Du-reel-dans-une-psychanalyse_Eric-Laurent.html.

XXI

A FORMA DO CORTE

Leonardo Scofield e Aline Bemfica

Neste capítulo, Lacan trabalha a passagem do objeto *a* como objeto imaginário ao objeto-causa, articulado à falta-a-ser do sujeito. E sua apresentação do seminário 6, Miller (2013) enfatiza a articulação entre desejo e fantasia, esclarecendo que a base da construção do grafo do desejo não se sustenta na formulação da metáfora paterna. A partir da referência ao objeto, para além do objeto incestuoso que conjuga o desejo de assassinato do pai e de gozo da mãe, Lacan introduz, passo a passo, o estatuto do objeto *a* como objeto-causa.

Lacan inicia sua abordagem do objeto *a* a partir do estádio do espelho e da parcialidade das pulsões, passando em seguida à estrutura metonímica do desejo.

Tema 1 - O outro onipotente e a figura da mãe

Lacan parte da proposição na qual o Outro onipotente encarna a figura da mãe e avança em seu objetivo de situar o desejo além da metaforização do desejo do Outro, na realização da passagem do Édipo ao desejo indexado pela fantasia. Trata-se, nesse caso, do desejo articulado à cadeia significante e à confrontação onírica imaginária *a-a'*, desejo considerado a partir do estádio do espelho e no esquema L (1954) como eixo especular da rivalidade e do desejo de destruição. Lacan parte desse ponto para apresentar os elementos primários fundamentais na construção do desenho fantasmático do sujeito, para além da triangulação edípica, articulando sujeito barrado e objeto *a*.

Proposições

A - O desejo é essencialmente não edípico

É importante notar que em sua primeira versão o objeto *a* se refere ao campo da imagem lido a partir do estádio do espelho, como objeto imaginário, objeto corpóreo. No decorrer do seminário, é dado a ele o estatuto de objeto-causa, lido a partir da passagem do Édipo à fantasia, que instaura a metonímia do desejo onde o complexo edipiano associava o desejo infantil ao desejo de assassinato do pai e gozo da mãe. Trata-se, assim, de um desejo essencialmente não edípico, articulado a partir da relação do sujeito barrado com o pequeno *a*.

Cabe ainda ressaltar que o objeto *a* não é lido como aquele que atrai o desejo, estando, portanto, à frente do sujeito. Trata-se, na verdade, do lugar de objeto-causa de desejo, sempre aquém do sujeito e mais além do Édipo, situando assim a problemática estrutural do desejo.

B - A demanda à mãe como o Outro absoluto instaura a divisão subjetiva

A fórmula da fantasia é articulada por Lacan à estrutura do desejo inconsciente a partir de três campos: o A real, o A barrado e o objeto *a* no processo de constituição do sujeito e sua fantasia. A partir do Outro onipotente (A), encarnado na figura da mãe, Lacan apresenta a relação do sujeito com a demanda do Outro. A imposição da demanda à mãe encarnada é o primeiro momento da divisão subjetiva que funda a construção da fantasia, modulando a história do sujeito. Por ser considerada um tempo primeiro e inaugural da dimensão subjetiva articulada à demanda, no processo de constituição do sujeito essa etapa é denominada "ideal primária".

C - O outro não todo está desarticulado do registro da onipotência

Na construção da fantasia, é fundamental que ocorra a passagem do Outro onipotente e real (A) ao campo do outro dividido (Ⱥ). Essa passagem é possibilitada pela interrogação dirigida ao Outro na condição de não todo, desarticulado do registro da onipotência. Instaura-se, dessa forma, o campo onde a palavra se articula num certo trânsito do sujeito no campo do Outro, o que irá comandar a relação inconsciente fundada a partir da constituição do sujeito como sujeito falante, desarticulando-o como puro objeto do Outro real.

Tema 2 - A inexistência do outro

"Melancolia", xilogravura de Albrecht Dürer, 1514.

O inconsciente se articula ao vazio de significação no campo do Outro, ou seja, à inexistência do Outro absoluto, sustentado no segundo tema que extraímos deste capítulo. Essa articulação do sujeito ao Outro barrado, cindido, não portador da resposta que encerra a demanda nela mesma, introduz o objeto *a*, fruto da divisão do sujeito. Trata-se, na segunda abordagem do objeto *a* nesta lição, do objeto metonímico, que tem uma função de suplência em relação ao vazio inscrito na fórmula da fantasia, caracterizada, por sua vez, pelo afrontamento constante do sujeito dividido com o objeto-causa, o que marca no campo do Outro o lugar do desejo metonímico, ou da metonímia do desejo. É nesse sentido que, na interpretação realizada por Miller (2013), o mito edípico vela a estrutura desnudada pelo caráter metonímico do objeto-causa, do objeto *a* como causa de desejo.

BIBLIÔ ESPECIAL - SEMINÁRIO 6: O DESEJO E SUA INTERPRETAÇÃO

Proposições

A - A fantasia não é outra coisa senão esse afrontamento perpétuo entre o sujeito barrado e o pequeno a

O sujeito procura no Outro uma resposta que lhe diga a verdade de seu ser. No vazio, porém, ele se apercebe do fato de que significante algum garante a autenticidade da cadeia significante nem da fala. Diante da interrogação do sujeito, surge o objeto *a*; e face à não resposta do Outro da linguagem surge o elemento imaginário, como suplementar correlativo à estrutura da fantasia.

A proposição "Não há Outro do Outro" assinala o campo situado para além da metáfora paterna, e concerne ao sujeito barrado que deverá encontrar a resposta para além do Outro, tal como afirma a fórmula freudiana "*Wo Es war, soll Ich werden*" (1932), traduzida por Lacan como "*Là où c'étáit, là dois-je devenir*" (Lacan, 1958-59/ 2013, p. 447). Esta fórmula introduz o campo perdido do ser do sujeito, o campo do inconsciente.

B - O objeto a é a fascinação e a síncope do sujeito

O índex do desejo se sustenta na oposição entre o sujeito barrado e o objeto *a*. A partir desta fórmula, e da referência ao objeto Ofélia, trabalhado anteriormente no capítulo 18, o objeto *a* é aqui retomado a partir da tela de John Everett Millais (1851-1852). Lacan nos apresenta mais duas referências do objeto: (1) Articulado à fascinação; e (2) Articulado à retenção do sujeito em sua própria síncope.

C - O real do sujeito nunca se dá no campo do conhecimento

O ponto real, ponto de síncope do sujeito, fornece a base da discussão que Lacan introduz acerca do saber científico face ao real, contrapondo a ciência behaviorista à ciência psicanalítica freudiana. Lacan se pergunta o que significa a aventura da ciência. E responde contrapondo o desejo de saber ou desejo de conhecimento ao conhecimento que podemos ter com relação ao real. A ciência behaviorista é apresentada como uma forma balbuciante da ciência, que parece querer imitar o "pequeno anjo da melancolia" de Dürer (1514), em sua postura contemplativa. A essa forma balbuciante da ciência Lacan contrapõe o próprio método científico proposto/ examinado por Freud e articulado ao real do sujeito, que nunca se dá ao campo do conhecimento.

Tema 3 - As três espécies de objeto e suas propriedades formais

O elemento mínimo do ser do sujeito, o real inscrito no simbóli-co, marca o caráter de desconhecimento do sujeito barrado e articulado ao objeto pequeno *a*. Lacan apresenta três espécies de objeto *a* com suas propriedades formais: (1) objeto pré-genital (objeto parcial); (2) o delí-rio (d); e (3) o pequeno Φ (phi), falo/ castração. São estas as três formas do objeto diante do furo, da falta do significante ao nível da cadeia in-consciente, perante o fato de que não há Outro do Outro.

Proposições

A - O objeto a como objeto parcial apresenta a estrutura de corte do sujeito
Em primeiro lugar, o objeto *a* articulado ao objeto pré-genital na concepção freudiana se refere aos objetos parciais e apresenta a estrutura de corte, a divisão do sujeito em relação aos seus próprios objetos inde-xados no corpo e marcados pela erotização de suas funções vitais, como, por exemplo, o objeto oral e anal. A boca vem ocupar sua função signifi-cante, lá onde se pode cortar a relação com o mamilo na amamentação, ou no estádio sádico-oral, cuja boca é instrumento de mordida. Os ri-tuais para se desfraldar uma criança consistem no aprendizado de cortar de si o que se rejeita. A erotização das funções vitais, que não permitem o que seria um corte no plano imaginário, não se faz com a respiração, nem com as flatulências, como fazem os objetos oral e anal.

B - A mutilação do corpo concerne ao complexo de castração e à introdução do apêndice fálico
Lacan apresenta a segunda forma do objeto *a* se referindo ao com-plexo de castração sob a forma da mutilação: trata-se de certa capacidade de o sujeito se mutilar a partir da introdução da função significante. O sujeito dividido é fruto da introdução da função significante, extraída por Lacan da articulação freudiana entre o complexo de castração e o mito do pai absoluto. Partindo dessa articulação, Lacan assinalou a fun-ção de negativação do falo articulado à função significante: "a mutilação é aqui o índice de uma realização do ser do sujeito" (Lacan, 1958-59/ 2013, p. 456), seu traço.
A partir do corte do sujeito, Lacan apresenta a ideia de apêndice

fálico, pautando-se na referência freudiana de 1914 sobre o narcisismo como relação imaginária entre o sujeito e ele mesmo. Lacan adverte, no entanto, que essa relação se articula ao que está para além da imagem do sujeito no campo do Outro.

C - A voz como objeto a corresponde à vertente real do supereu, ou do isso freudiano

A partir de seu texto "De uma questão preliminar a todo tratamento possível da psicose" (1955-56/ 1998) e da leitura e interpretação do caso Schreber, Lacan introduz a instância do supereu com o intuito de isolar a função do objeto-voz no delírio.

Lacan ressalta o paradoxo que o delirante vivencia quando se interroga sobre a natureza da voz que incide sobre ele. Lacan apresenta o objeto *a* isolado, articulado à dimensão impositiva da voz, tal como podemos verificar, por exemplo, a partir da imposição de frases que restam interrompidas de maneira enigmática para o sujeito, reenviando-o constantemente ao impossível de doação de uma significação que o retire da perplexidade.

Lacan assinala o caráter real do objeto-voz, e se refere à voz que engole o sujeito, tal como apresentada por Jean Cocteau em *"La voix humaine"*, peça teatral escrita em 1930, a partir da voz de uma mulher que, em sua demanda incessante, só consegue encontrar em seu monólogo lacunar a impossibilidade, o mal-entendido.

Autores citados

Cocteau, J. (1928). *La voix humaine.* https://www.erudit.org/culture/jeu1060667/jeu1071530/27087ac.pdf.

Dürer, A. (1514). *A melancolia* Xilogravura do mestre alemão renascentista Albrecht Dürer, composição alegórica que tem sido alvo de muitas interpretações.

Everett Millais, J. (1851-1852). *Ofélia.* Óleo sobre tela.

Maine de Biran, M. F.-P. (1852). *Mémoire sur la décomposition de la pensée.* Paris: Presses Universitaires de France. (Trabalho original publicado postumamente).

Marie François-Pierre Ghontier de Biran, mais conhecido como Maine de Biran (1766-1824), filósofo francês. Lacan se interessou por suas contribuições filosóficas sobre o lugar da consciência. Outras obras:

A influência do hábito na faculdade do pensar (1802) e *Novas considerações sobre as relações entre o físico e o moral do homem* (1834). A maioria de seus trabalhos foi publicada depois de sua morte.

Referências na obra de Lacan

Lacan, J. (1998). De uma questão preliminar a todo tratamento possível das psicoses. Em: *Escritos*. Rio de Janeiro: Jorge Zahar. (Trabalho original escrito em 1955-56).

Referências de pesquisa

Freud, S. (1996). Sobre o narcisismo: uma introdução. *Edição Standard das Obras Psicológicas Completas de Sigmund Freud*. Rio de Janeiro: Imago. (Trabalho original publicado em 1914).

Miller, J.-A. (2103). Una reflexión sobre el Edipo y su más allá. Em: *El Caldero de la Escuela - Nueva serie*. (N. 21). Buenos Aires: EOL.

XXII
CORTE E FANTASIA

Mirta Zbrun

Lacan inicia o capítulo localizando no grafo a função da fantasia "no cruzamento das duas cadeias significantes, superior e inferior, por um arco que é o da intenção subjetiva" (Lacan, 1958-59/ 2016, p. 419). Esses cruzamentos determinam os quatro pontos a que Lacan chama "pontos de código" — A e $ ◊ D — e s (A) e S (Å), pontos de mensagem em função do caráter retroativo do efeito da cadeia significante quanto à significação.

Tema 1 - A função da fantasia ($ ◊ a)

Lacan assevera que esses quatro pontos são os que aprendemos a guarnecer com as seguintes significações: "os dois pontos da cadeia inferior são os lugares em que a intenção do sujeito se encontra com o fato concreto de que há linguagem" (Lacan, 1958-59/ 2016, p. 419). Nesse momento, os pontos que vão lhe interessar são $ ◊ D — o sujeito barrado na presença de D maiúsculo — e o significante do Outro barrado.

Proposições

A - A função da fantasia pode aparecer nos efeitos da linguagem

As duas cadeias significantes presentes no grafo, a inferior e a superior, representam, respectivamente, a cadeia do discurso concreto do sujeito na medida em que ela é acessível à consciência. A análise ensina que essa cadeia está acessível à consciência porque parte de ilusões que afirmamos à consciência com total transparência. Sob a forma de imagem em um espelho, tornada eficaz para além de toda subsistência do sujeito, vemos que subsiste a imagem da possibilidade de alguma coisa absolutamente especular, independente de todo suporte subjetivo. Isso repousa no fato de que uma montagem estruturada como a de uma cadeia significante pode supostamente durar além de toda subjetividade das sustentações.

B - Da intenção mítica pré-simbólica ao sujeito barrado há um efeito de retroversão
As duas cadeias produzem um efeito de retroversão: a segunda cadeia significante, a superior, é dada na experiência analítica como inacessível à consciência. Para Lacan, a referência à consciência da primeira cadeia é suspeita, pois essa inacessibilidade à consciência apresenta questões sobre o que resta do sentido dessa inacessibilidade.

Tema 2 - A função da demanda articulada ao sujeito

Ao tratar do $\$ \lozenge D$, nomeado de ponto de código, Lacan observa que o sujeito de que se trata aí está implicado na análise quando começa a decifração da coerência entre a cadeia superior e a inferior, na medida em que o sujeito $\$$ — como suporte da articulação do inconsciente, na medida em que ele a vê, escuta e lê — a entende retroativamente. "Quando o sujeito questiona sobre si mesmo, para além do discurso concreto, ele reencontra a demanda" (Lacan, 1958-59/ 2016, p. 423).

Proposições

A - Matema S(Ⱥ): a partir da demanda se encontra o significante da falta no Outro
A demanda é afetada por sua forma simbólica, e utilizada para além da satisfação da necessidade. Ela se apresenta como demanda de amor, ou demanda de presença, motivo pelo qual Lacan diz que a demanda institui o Outro a quem se endereça, como aquele que pode estar presente ou ausente. Na medida em que a demanda desempenha essa função metafórica, seja oral ou anal, ela se torna símbolo da relação com o Outro. Ao desempenhar sua função de código, "a demanda permite constituir o sujeito como estando situado no nível do que chamamos, na nossa linguagem, fase oral ou anal" (Lacan, 1958-59/ 2016, p. 423). Mediante o código, o sujeito pode responder ou recebê-la como mensagem, mais além da primeira cadeia significante.

B - O sujeito vai do código à mensagem

Lacan assevera que com esse código "o sujeito pode receber como mensagem a pergunta que, no para-além do Outro, conota a primeira captura do sujeito na cadeia significante". "*Che vuoi? O que queres?*" é também a pergunta que o sujeito se faz sempre para além do Outro, sob a forma do "*É?*". No grafo do desejo mencionado acima, a resposta está simbolizada pela significância do Outro, S (Ⱥ). Nesse nível da articulação significante, não existe outra garantia da verdade, senão da boa-fé do Outro. Para o sujeito, isso se apresenta sempre sob uma forma problemática. Ao final de sua questão, o sujeito permanece inteiramente dependente dessa fé, concernente ao que, para ele próprio, faz surgir o reino da palavra.

Tema 3 - Ainda o fantasma [*ghost*] do pai: o corte do real e o corte da linguagem

Hamlet, Ato I, Cena V

FANTASMA
(do pai de Hamlet)

Eu sou o espírito do teu pai, condenado, por um certo prazo, a vagar à noite, e durante o dia confinado a jejuar no fogo, até que os torpes crimes cometidos em meus dias de vida sejam queimados e expurgados. Não me fosse proibido relatar os segredos de minha prisão, eu poderia um conto revelar do qual a mais leve palavra rasgar-te-ia a alma, congelaria teu sangue jovem, faria teus dois olhos, como estrelas, saltarem de suas esferas, teus cachos alinhados e compostos se desfazerem e cada um dos cabelos eriçar-se como as cerdas do porco-espinho irascível. Mas este trombetear eterno não pode ser para ouvidos de carne e osso. Escuta! Escuta! Oh, escuta! Se tu amaste, em algum tempo, a teu querido pai...

HAMLET

Oh! Meu Deus!

A relação entre o corte do real e o corte da linguagem parece satisfazer aquilo em que a tradição filosófica sempre se baseou, a saber, que se trata apenas do recobrimento de um sistema de corte por outro sistema de corte. A questão freudiana nos permite pensar que há na aventura da ciência alguma coisa que vai muito além dessa identificação dos cortes, desse recobrimento dos cortes naturais por cortes de um discurso qualquer.

FANTASMA

Mas se a virtude é forte, inabalável, ainda que a lascívia, sob a forma do céu, ande a tentá-la, a luxúria, embora unida a um anjo resplendente, sacia-se de um leito puro e vai repastar-se no opróbrio.

Proposições

A - A ciência se apresenta como real
Lacan afirma que "é muito evidente que o real não é um contínuo opaco e que é feito de cortes, tanto de cortes de linguagem como muito além" (Lacan, 1958-59/ 2016, p. 425).

O esforço essencial, que consistiu em esvaziar toda a articulação científica de suas implantações mitológicas, nos levou ao ponto em que estamos, e que me parece suficientemente caracterizado sem muito drama pela expressão "desintegração da matéria". Isso é apropriado para sugerir que, na aventura da ciência, não se trata apenas de puro e simples conhecimento. Ao nos colocar no plano do real, ou, se preferirem, do que ele vai chamar provisoriamente, com todo o tom irônico necessário, de "grande Todo", a ciência e sua aventura absolutamente não nos mostram o real remetendo seus próprios cortes a si mesmo, mas cortes que são os elementos criadores de algo novo e que toma o caminho da proliferação. Sob este ponto de vista, a ciência e sua aventura se apresentam não como o real, reenviando a si mesmas seus próprios cortes, mas como elementos criadores de alguma coisa nova que quer proliferar.

B - Por que afirmar o valor de paradoxo do fantasma?

Hamlet, ato I, cena II

HAMLET

Oh, se esta carne sólida, tão sólida, se desvanecesse em fino orvalho!

Hamlet, Ato I, Cena V

FANTASMA

Não permita que o leito real da Dinamarca seja leito da concupiscência e do incesto maldito. Mas, como quer que realizes este ato, não manches tua mente, nem deixes tua alma engendrar contra tua mãe coisa alguma: deixa-a aos céus, e àqueles espinhos que lhe cravam o peito a pungi-la e aguilhoá-la. E agora, adeus! O vaga-lume indica a aurora iminente, e começa a minguar seu fogo equívoco. Adieu, adieu, Hamlet! Lembra-te de mim!

HAMLET

Oh, por toda legião dos céus! Oh, terra! Que mais? E esposarei eu o inferno? Oh, raios! Aguenta, aguenta, meu coração, e vós, meus tendões, não ficai instantaneamente velhos, mas mantende-me firmemente ereto. Lembrar-me de ti! Sim, ó pobre fantasma, enquanto a memória mantiver assento neste globo conturbado.

Autores citados

Dover, J. W. (1935). *What happens in Hamlet*. Cambridge: University Press.

J. Wilson Dover, nascido em Surrey, atual grande Londres (1881-1969). Professor e estudioso do teatro renascentista, com particular incidência sobre a obra de William Shakespeare. Outras obras: *The New Shakespeare* (1921-1966); *Life in Shakespeare's England: a book of Elizabethan prose* (1920); *The Essential Shakespeare: A Biographical Adventure* (1932); e *What happens in Hamlet* (1935), publicados por Cambridge University Press.

Eissler, K. (1953). The effect of the structure of the ego on psychoanalytic technique. Em: *Journal of the American Psychoanalytic Association*. (N. 1, 104-143).

Raimund, F. (1824). *O diamante do Espírito Rei*. Peça em 2 atos com música de Joseph Drechsler.

Ferdinand Raimund, dramaturgo, nascido em Viena (1790-1836), foi um dos dois principais representantes do teatro popular vienense, juntamente com Johann Nestroy. Sua mistura de humor, melancolia e finalidade educativa garantiu grande sucesso às suas peças-ópera. Outras obras: "A garota do mundo das fadas, ou o fazendeiro milionário" (1826), "O rei alpino e o misantropo" (1828).

Shakespeare, W. (1955). *A tragédia de Hamlet, Príncipe da Dinamarca*. Rio de Janeiro: Livraria José Olympio Editora. (Trabalho original encenado em 1600).

Referências na obra de Lacan

Lacan, J. (1998). O tempo lógico e a asserção de certeza antecipada. Em: *Escritos*. Rio de Janeiro: Jorge Zahar. (Trabalho original escrito em 1945).

Lacan, J. (1998). Subversão do sujeito e dialética do desejo no inconsciente freudiano. Em: *Escritos*. Rio de Janeiro: Jorge Zahar. (Trabalho original publicado em 1960).

Referências de pesquisa

Shakespeare, W. (1955). *A tragédia de Hamlet, Príncipe da Dinamarca*. Rio de Janeiro: Livraria José Olympio Editora. (Trabalho original encenado em 1600).

Shakespeare, W. (1986). *Hamlet* Prince of Denmark. Em: *The complete Works of William Shakespeare*. Oxford: Clarendon Press.

Zbrun, M. & Bentes, L (Orgs.). (1994). *O Imaginário no ensino de Lacan: Referências*. Rio de Janeiro: Escola Brasileira de Psicanálise - Seção Rio.

XXIII

A FUNÇÃO DA FENDA SUBJETIVA NA FANTASIA PERVERSA

Maria Aparecida Malveira

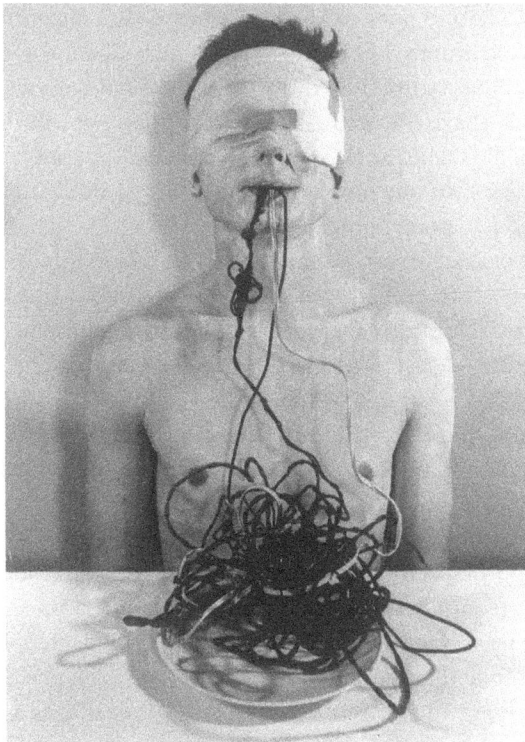

"3rd Action", Rudolf Schwarzkogler, 1965

Para delimitar o Um, Lacan destaca: "O um que é Todo não se confunde em todos os seus usos com o Um em número 1" (Lacan, 1958-59/ 2016, p. 438). O ser humano conta, e o que ele conta é que "o desejo está estritamente ligado ao que aconteceu, na medida em que o ser humano tem de articular no significante e que, enquanto ser, é nos intervalos da cadeia significante que ele aparece, como sujeito barrado" (Lacan, 1958-59/ 2016, p. 439). Assim, "é no desejo que o sujeito aparece contando, e não há nada que constitua mais a última instância da presença do sujeito do que o desejo" (Lacan, 1958-59/ 2016, p. 439).

As pessoas procuram o analista, "em geral, porque as contas andam mal na hora de pagar a conta à vista, seja lá do que se trate, do desejo sexual ou da ação, no sentido mais simples do termo; e é dentro disso que a questão do objeto se coloca".

No nível do desejo, "o objeto capaz de satisfazer não é, no mínimo, de fácil acesso, e pode-se dizer que não é fácil encontrá-lo, e isso, por motivos estruturais". O sujeito com o qual lidamos é o sujeito do inconsciente, o da estrutura do desejo, e é isso que Lacan tenta demonstrar "no ponto-chave do desejo, que se distingue por um evanescer do sujeito, na medida em que ele tem de se nomear". A correlação que liga um ao outro faz com que o objeto tenha a função de significar o ponto onde o sujeito não pode nomear.

As fantasias perversas mais acessíveis, do exibicionista e também do *voyeur*, são trabalhadas por Lacan neste capítulo, no qual ele afirma que "a solução perversa para o problema da situação do sujeito na fantasia é esta: visar o desejo do Outro, julgando ver nele um objeto".

A leitura deste capítulo nos leva a um grande salto, de 1959 a 1972, da ontologia à henologia, para encontrar o Lacan do Ser e do Um.

Na apresentação do *Seminário, Livro 19: ...Ou pior*, Miller destaca que o aforismo Há-Um, que até então passara despercebido, completa no cerne do presente seminário o *"Não existe"* da relação sexual, enunciando o que há — entenda-se, o Um sozinho. Neste seminário começa o último ensino de Lacan, onde está tudo o que Lacan ensinou: "é tudo novo, renovado, virado de pernas para o ar". Lacan ensinava "a primazia do Outro na ordem da verdade e na do desejo"; neste seminário, passa a ser "a primazia do Um na dimensão do real". Lacan rejeita o grande Outro, eixo da dialética do sujeito, e o remete à ficção; enquanto desvaloriza o desejo e promete o gozo, rejeita o Ser, que não passa de semblante. "A henologia, a doutrina do Um, supera a ontologia, a teoria do Ser" (Miller, 1971-1972/ 2012).

Tema 1 - O ser e o UM

Para caracterizar o Um, Lacan diz que Platão distingue muito bem o Um do ser, com certeza porque o ser, por sua vez, é sempre um. Em todo o caso, em Parmênides fica perfeitamente demonstrado o fato de o um não saber ser como o ser. Foi exatamente daí que saiu a função da existência.

De Parmênides a Platão, o passo de Parmênides consistiu em perceber que o único fator comum em toda substância era ela ser dizível; Platão consistiu em mostrar por meio de uma interrogação discursiva, a partir do momento em que há uma tentativa de dizê-lo de maneira articulada, que o que se desenha da estrutura cria dificuldades, e é por esta via que convém procurar o real. "Platão era lacaniano", diz Lacan. "Porque ele tinha as referências" (Lacan 1971-1972/2012, p. 127).

É no desejo que o sujeito aparece contando, então partimos para buscar algo dos Uns, do que conta.

Proposições

A - O Um do corpo é uma das formas do Um

Uma análise começa a partir do ego, pelo sintoma, que é sempre um problema no corpo, qualquer coisa estranha no corpo, qualquer coisa que não se conta. Quando alguém busca a análise, se apresenta com o Um imaginário, do corpo, o Um da mesmidade; "o que comporta de ambiguidade do Um prende-se exatamente a que, contrariando a aparência, o Um não pode fundamentar-se na mesmidade [*mêmeté*]" (1971-72/ 2012, p. 139).

Isso não basta para decifrar o enigma do sintoma. O Um do corpo é apenas uma das formas do Um; assim, o analista deve levar em conta o corpo, mas usar os artifícios que a teoria e a prática nos ensinam para tirar o corpo de cena, sem deixar que este seja a maior presença, porque tal presença é enganosa e não produz o que precisa ser produzido: o Um do corpo, que repete e está na base do falar.

Platão "toma o Um por meio de uma longa elaboração discursiva: só há Um no discurso, mas, ao mesmo tempo, esse Um escapa, e as entrevistas preliminares são um testemunho disso. Para Platão, esse Um, que não é o Um do corpo, é o Um que se tenta pegar e que nos escapole. O Um de Platão é binário, não é o Um que engloba. Este vem junto com uma hiância" (Lacan, 1971-72/ 2012, p. 127)".

A entrada clássica em análise é pelo discurso do mestre: "busca-se um saber, uma resposta redonda o para S1-S2. Busca-se o Um do Outro e encontra-se mais Uns" (Lacan, 1971-72/ 2012, p. 220).

B - O Um da classe e o Um dos atributos
O Um da classe, o um clássico, universal, como tudo que é rotulado por um atributo, de certa forma descreve o ego: "Existem os homens e eu sou um homem". Lacan assinala que "a teoria dos conjuntos serve para restabelecer o estatuto do número. Só podemos definir o número 1 ao tomar a classe de todos os conjuntos que têm um só elemento e destacar a equivalência como sendo propriamente o que constitui a base do Um" (Lacan, 1971-72/ 2012, p. 138).

C - O Um da diferença é o Um do número
O Um, como diferença pura, é aquilo que distingue a ideia do elemento. Lacan destaca que a partida na teoria dos conjuntos é dada pelo seguinte: existe a função do elemento e ser elemento num conjunto é ser algo que não tem nada a ver com pertencer a um registro qualificável como universal, isto é, a algo que se enquadre no âmbito do atributo. Esta é a tentativa da teoria dos conjuntos: dissociar, desarticular de maneira definitiva o predicado do atributo. Seria na psicanálise o que chamamos de imaginário, aquilo no que mais se acredita, que tem essência: "o homem é bom"; o atributo "bom" não entraria na balança como adicionado a cada um dos homens bons.

O Um da diferença é não apenas contável; tem que ser contado nas partes do conjunto. O Um da diferença tem que ser contado como tal no que se enuncia aquilo que ele funda: que é um conjunto e tem partes. "A teoria dos conjuntos vai nos dizer como podemos apreender este Um que é distinto do Um da classe, do Um que unifica. Ele é o Um da diferença" (Lacan, 1971-72/ 2012, p. 192).

D - O [S1] do discurso analítico não é o [S1] como agente do discurso do mestre
A teoria analítica vê despontar o Um em dois dos seus níveis. Primeiro nível: o Um é o Um que se repete, que está na base de uma incidência suprema, no falar do analisando se denuncia por uma certa repetição em relação à estrutura significante. No discurso analítico, o que se produz no chamado estágio do mais-de-gozar é uma produção significante, a do S1, outro nível do Um. "O Um que se trata no S1 é o contrário do que se trata na repetição" (Lacan, 1971-72/ 2012, p. 158).

"Aquele que o analista tem em análise, ou seja, o sujeito, ele o toma pelo que é, efeito do discurso" (Lacan, 1971-72/ 2012, p. 149). O mestre só pode dizer o Um da origem pela metade; como resto, relança--o infinitamente. É preciso encontrar alguma coisa, aquilo que Lacan nomeia como Há-Um, assinalando que a possibilidade do há surge contra um fundo de indeterminação. O Um do discurso do mestre existe. É o mestre, é o prometido. Mas não existe o *há*. Por isso, dizemos que o Um está no infinito.

E - O Há-Um de Lacan

Há-Um [*yad'lun*] é um neologismo criado por Lacan, o Há-Um, que assinala a possibilidade do *"y em* a". "É contra um fundo de inde-terminação que surge, destaca algo que não tem forma, e a pergunta começa a propósito do que quer dizer isto, "algo de um" [*de l'un*]. É que, a partir do momento em que o Um é enunciado, o *de* já não aparece senão como pedúnculo insignificante sobre o que vem a ser esse fundo" (Lacan, 1971-72/ 2012, p. 125).

"No neologismo [yad *l'un*] criado por Lacan é exigido pelo fran-cês, mas não se reproduz nem se traduz em português. "*Il y a de l'un*" teria como tradução literal: "Há algo de um" (Lacan, 1971-72/ 2012, N.T. 125)". É sempre do significante que Lacan fala quando fala do Há-Um. A análise busca chegar a esse um para dar lugar a esse um, o que equivaleria chegar à primeira relação que forjou a marca com o gozo imaginário — o traço unário é aquilo pelo qual se marca a repetição; o Um que se destaca do fundo de indeterminação, que seria o real em excesso sobre o significante.

Autores citados

Georg Cantor (1845-1918), matemático alemão, inventor da Teoria dos Conjuntos com Richard Dedekind (1831-1916), também mate-mático.

Referências na obra de Lacan

Lacan, J. (2012). *O Seminário, Livro 19: ...Ou pior*. Rio de Janeiro: Jorge Zahar. (Trabalho original escrito em 1971-1972).

Lacan, J. (1985). *O Seminário, Livro 20: Mais, ainda*. Rio de Janeiro: Jorge Zahar. (Trabalho original escrito em 1972-73).

Referências de pesquisa

Frege, G. (1971). Sens et dénotation. Em: *Écrits logiques et philosophiques*. Paris: Seuil. (Trabalho original publicado em 1892).

Miller, J.-A. (1996-97). *O outro que não existe e seus comitês de ética*. (Inédito).

Miller, J.-A. (2011). *O Ser e o Um*. (Inédito)

Vieira, M. A. (2012). Um-dividualismo moderno e o outro gozo. Curso ministrado no ICP. Inédito.

Vieira, M. A. (Org.). (2013). Haun: leituras do Seminário 19, ...Ou pior, de Jacques Lacan. *Em: Boletim da Escola Brasileira de Psicanálise, Diretoria na Rede*. http://www.ebp.org.br/haun/boletim.asp.

Zbrun, M. (Org.). (2013). *Bibliô Especial. Referências do Seminário, Livro 19: ...Ou pior, de Jacques Lacan*. (Edição Bilíngue). Rio de Janeiro: KBR.

Tema 2 – O que realizar com o desejo

Lenita Bentes

"O desejo é a essência do homem, e o inconsciente é o lugar da circulação do desejo", nos diz Lacan nesta lição, fazendo um cruzamento entre a realização do desejo e a formulação do Juízo Final promovida pela religião cristã. O cristianismo coloca a questão do saber, e isso seria mais conveniente para o Juízo Final. "O que podemos dizer sobre o que, na nossa existência única, fizemos no sentido de realizar nosso desejo, e que não terá o mesmo peso do que tivermos feito no sentido — que não o refuta em nenhum grau, que não o contrabalança de nenhuma maneira — de fazer o que se chama o bem?" interroga Lacan.

Proposições

A - A estrutura do desejo não é apenas função de objeto nem de sujeito
Lacan distingue o objeto pela evanescência do sujeito, ou seja, afirma que "o ponto-chave do desejo — a função do objeto — se distingue por um evanescer do sujeito na medida em que ele tem de se

nomear" (Lacan, 1958-59/ 2016, p. 442). Quanto ao objeto em si, parceiro original do homem, não tem nome nem corpo; o homem goza desse objeto ao incorporá-lo no itinerário de uma fala.

A formalização dos complexos circuitos do grafo ocorreu como resultado desse primeiro momento clínico, em decorrência das chamadas "técnicas verbais dos chistes".

B - Hamlet é definitivamente abolido no seu desejo

Sobre o sujeito, Lacan assinala que na comédia ele é "um apanha-desejos": a cada vez que a armadilha para o desejo funciona, estamos na comédia. A comédia permite uma descontinuidade, levando ao *Witz* [chistes], resultando na decomposição espectral da situação do sujeito no mundo. A comédia está para além do pudor (Lacan, 1958-59/ 2016, p. 443). O desejo aparece ali onde não se esperava. Além disso, o pai ridículo, o virtuoso, o devoto hipócrita são personagens com os quais fazemos nossa comédia, porque "o desejo na comédia é desmascarado, mas não refutado".

C - O desejo podemos agarrá-lo pelo rabo

Lacan assinala que "o desejo, como dizia um de nossos grandes poetas — embora ele seja maior ainda como pintor — podemos agarrá-lo *pelo rabo*, ou seja na fantasia". O sujeito, na medida em que deseja, não sabe onde se encontra com relação à articulação inconsciente. Estaria ele no ponto onde deseja? Não, não está onde deseja, mas em algum lugar na fantasia.

Através da fantasia fundamental do perverso, Lacan mostrará a função que o sujeito neurótico desempenha em sua fantasia: "ele se deseja desejante". Na fantasia do perverso não se trata disso, mas de "eu me desejo desejante, e me desejo desejante desejado". Lacan menciona o exibicionista e anuncia seu comentário sobre o *voyeur*, tecendo os fios que o leva à pulsão escopofílica, "sempre se omite o que, no entanto, é o essencial, a fenda. Para o *voyeur*, é um elemento da estrutura absolutamente indispensável". O próprio sujeito se reduz ao artifício da fenda. Na fantasia, ele é a fenda, o *voyeur* e o exibicionista, na medida em que "se põe no lugar do *Eu me via*"; em contrapartida, o Outro não vê seu *Eu me me via*, e seu gozo é inconsciente. A fenda é o que faz o sujeito perverso entrar no desejo do Outro. Essa fenda é a fenda simbólica de um mistério mais profundo, que se tratar de elucidar. "Em que lugar do inconsciente convém situar o perverso?" interroga Lacan. A solução perversa é visar ao desejo do Outro, julgando ver nele um objeto. "O neurótico não pode desejar, pois ele falha, de tanto que deseja!" A razão para isso é que o falo está aí implicado. Lacan encerra sua aula abordando a distinção entre foraclusão e discordância.

Referências de pesquisa

Freud, S. (1969). Os Chistes e Sua Relação Com o Inconsciente. Em: *Edição standard brasileira das obras psicológicas completas.* (Vol. VIII). Rio de Janeiro: Imago. (Trabalho original publicado em 1905).

Shakespeare, W. (1955). *A tragédia de Hamlet, Príncipe da Dinamarca.* Rio de Janeiro: Livraria José Olympio Editora. (Trabalho original encenado em 1600).

XXIV
A DIALÉTICA DO DESEJO NO NEURÓTICO

Clarisse Boechat

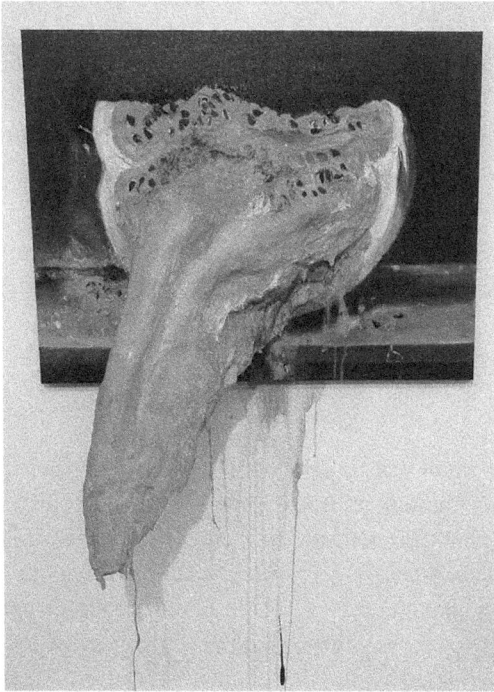

"Watermelon Tongue", mixed media de Valérie Hegarty, 2012.

A pesquisa dos próximos capítulos toca em pontos fundamentais sobre os quais Lacan avança no seu ensino nos anos 1958 e 1959. Se encontramos como pano de fundo do seminário 6 um questionamento dirigido à função do pai, que se apresenta por diferentes vieses, nos últimos capítulos, ao se voltar à perversão, Lacan interroga o alcance da metáfora paterna advinda do Édipo na regulação do gozo, ao demonstrar o núcleo perverso do desejo. Sobre este ponto, Miller comenta que "todo desejo é perverso, na medida em que o gozo nunca está no lugar da pretensa ordem simbólica".

Ao discorrer sobre o traço perverso, que se insurge como desvio contra os ideais culturalmente compartilhados, e contra a "identificação conformista que assegura a manutenção da rotina social", Lacan afirma neste seminário que "não há outro mal-estar na cultura a não ser o mal-estar do desejo".

A sublimação é apresentada como destino da pulsão, que, descolada da "substância sexual", encontra desvios outros, "subsiste como forma cultural, na qual flui o gozo da letra propiciado pela arte e pela literatura", conforme comenta Miller. A cultura como campo de trocas que acolhe a sublimação apresenta em seu cerne a mesma fenda que situa a função do desejo como um mais-além, que perturba e modifica a ordem preexistente, abrindo espaço à singularidade das formas de gozo contemporâneas desveladas pela arte.

Tema 1 - Ao pôr em cena o gozo vivido como ultrapassamento, a perversão ensina sobre o desejo que não se deixa regular pela lei

Clarisse Boechat

O interesse de Lacan pelo desejo nas últimas lições do seminário 6 se justifica na medida em que o desejo descortina que o Édipo não é sua única solução. Mais que isso: ele é "apenas e também sua forma 'normal', normalizada, sua prisão", conforme afirma Miller (2013, p. 15) em entrevista concedida ao jornal *Le Point*. A abordagem da perversão nesse momento visa ao que ela comporta de desvio, ao desmentir que a metáfora paterna advinda do Édipo seja reguladora de gozo, demonstrando o núcleo perverso de todo desejo.

Proposições

A - O masoquismo como face perversa do desejo
Lacan resgata o texto freudiano "Uma criança é espancada", no qual Freud comenta detalhadamente uma fantasia de espancamento de

uma criança realizada por um homem (Freud, 1919/ 1996, p. 200) para elucidar a relação entre o desejo e o gozo, apontando o caráter masoquista da cena. Esse gozo é qualificado por Lacan não como a solução do desejo, mas como seu "esmagamento" na articulação fantasmática.

Reportando-nos ao texto freudiano, na divisão proposta da cena em três momentos distintos, Lacan aponta que na segunda etapa vem à tona o "instante fantasmático", que "desempenha o papel de índice" e se eterniza "fazendo ponto de amarra de alguma coisa completamente diferente, a saber, o desejo do sujeito". O desejo que aparece como sendo do Outro leva Lacan a se interrogar sobre a natureza da manobra do sujeito que se coloca como vítima do Outro espancador, para responder que isso "consiste o passo decisivo de seu gozo, na medida em que desemboca no momento fantasmático em que deixa de ser ele mesmo". Éric Laurent observa que se trata "de explicar como, entre esse primeiro e segundo tempo, há mistérios formidáveis, porque é no segundo tempo, esse tempo inexistente, que o prazer é intenso. Lá, onde o prazer é intenso, não há representação" (Laurent, 1993/ 2012, p. 41).

No capítulo 6 do seminário 4 (Lacan, 1956-1957/ 1995), "Bate-se numa criança e a jovem homossexual", Lacan trabalha a fantasia do sujeito espancado pelo pai assinalando a quota de satisfação libidinal que o sujeito retira dela ao supor no Outro, no caso, naquele que espanca, um gozo que na verdade lhe concerne, concerne ao próprio sujeito. Nessa fantasia se apresentaria uma experiência primária de passividade sexual, na qual o sujeito se reduz ao objeto *a* na relação com o Outro.

Assim, é interessante notar que, com relação ao perigo desse gozo, Lacan adverte, ainda no seminário 6, que o sujeito é indicado na fantasia pelo que chamamos de "fenda", de hiância, algo que, no real, é ao mesmo tempo buraco e lampejo. O sujeito nada mais é que "esse lampejo do objeto", que é "vivido, percebido, pelo sujeito como a abertura de hiância" que, por sua vez, o situa como aberto "para outro desejo" que não o seu, estando este seu desejo "profundamente afetado, atingido, abalado pelo que é percebido no lampejo" (Lacan, 1958-59/ 2016, p. 453). O masoquismo se colocaria na vertente da *aphanisis*, dimensão da fantasia na qual o sujeito se anula em função de um objeto. Haveria, portanto, na construção da fantasia, uma montagem pulsional e certo consentimento do sujeito ao ato de se apagar sob o objeto desvelado pela natureza perversa do desejo.

B - O sujeito desliza em seu desejo e obtém sua parcela de gozo
Ao remarcar a função de causa do objeto *a*, que, irremediavelmente perdido, não pode ser encontrado de forma a obturar a metoní-

mia do desejo, Lacan afirma que a *aphanisis* não concerne ao desaparecimento do desejo, mas apenas do sujeito. Na ausência de um objeto que o complete, o sujeito desliza em seu desejo e obtém sua parcela de gozo ao recuperar a dimensão da perda em que ele se coloca como "relampejo de objeto", "buraco".

Este é um primeiro desenvolvimento do avanço de Lacan em seu seminário 16, ao nos indicar a dimensão em que o sujeito se coloca como objeto na pulsão da seguinte forma: "Eu lhes mostrarei (...) que o sujeito, assumindo o papel de objeto, é exatamente isso que sustenta a realidade da situação do que se chama pulsão sadomasoquista. (...) É que o sujeito se faz objeto de uma vontade outra" (Lacan, 1968-1969/2008, p. 175). O objeto tem "precisamente essa função de significar esse ponto em que o sujeito não pode se nomear, onde o pudor, direi eu, é a forma real daquilo que se monetariza nos sintomas em vergonha e em desgosto", diz Lacan. Trata-se, portanto, do percurso empreendido por Lacan para dar conta do gozo concernente ao objeto pequeno *a*.

Referências na obra de Lacan

Lacan, Jacques. (1985). *O Seminário, Livro 11: Os quatro conceitos fundamentais da psicanálise*. Rio de Janeiro: Jorge Zahar. (Trabalho original escrito em 1964).

Lacan, Jacques. (2008). *O Seminário, Livro 16: De um Outro ao outro*. Rio de Janeiro: Jorge Zahar. (Trabalho original escrito em 1968-69).

Referências de pesquisa

Freud, S. (1996). Uma criança é espancada. Uma contribuição ao estudo da origem das perversões sexuais. Em: *Edição standard brasileira das obras psicológicas completas*. (Vol. XVII). Rio de Janeiro: Imago. (Trabalho original publicado em 1919).

Laurent, É. (2012). *A psicanálise e a escolha das mulheres*. Belo Horizonte: Scriptum. (Trabalho original publicado em 1993).

Miller, J.-A. (2013). Lacan: professor do desejo. *Opção Lacaniana. Revista Brasileira Internacional de Psicanálise*. (Ano 4, n. 12). http://www.opcaolacaniana.com.br/pdf/numero_12/lacan_professor_desejo.pdf.

Tema 2 - *Hilflosigkeit*, o abismo do desejo do outro

Paula Legey

O termo *Hilflosigkeit* foi usado por Freud em diversos momentos. No "Projeto para uma psicologia científica" ele o utilizou para indicar um excesso de excitação vivido como traumático pelo recém-nascido, na medida em que ele é incapaz de dar um destino a esse excesso com suas próprias forças. Lacan toma o termo alemão utilizado por Freud para indicar a abertura representada pelo desejo do Outro, diante do qual o sujeito precisa se situar, e associa esse termo, traduzível como "desamparo primordial", à posição do sujeito que se encontra sem recursos diante do desejo. Essa abertura é a mesma que Freud nomeou "umbigo dos sonhos", o ponto obscuro para onde todas as associações convergem e desaparecem ao mesmo tempo. Em relação a isso, o sujeito vê abrir-se diante de si uma hiância, que o enviaria a outra hiância, e que, no limite, engendraria um reenvio ao infinito na direção de um outro desejo. Assim, une-se a questão sobre o desejo do Outro com o desejo do sujeito, o que Lacan expressou através da conhecida frase "o desejo do homem é o desejo do Outro".

Proposições

A - O objeto fóbico protege o sujeito da aproximação do desejo

Lacan faz referência a um famoso caso clínico de Freud, o caso Hans, retomando algo que já havia trabalhado no seminário 4, e indica que o ponto essencial do nascimento da fobia no menino não era nem tanto a rivalidade com relação à sua irmãzinha, nem tampouco a excitação experimentada no órgão sexual. O essencial é que Hans se vê confrontado ao desejo de sua mãe, levantando a questão de seu próprio desejo, que ele não tem recursos para enfrentar.

A eleição do objeto fóbico torna-se uma solução na medida em que funciona como uma mediação em relação a essa dependência absoluta do desejo do Outro. A fobia protege o sujeito da aproximação de seu desejo, tornando-se um anteparo em relação a algo diante do que ele não poderia senão desaparecer como sujeito.

A mãe de Hans ocupa o lugar do Outro todo-poderoso que poderia responder a todas as suas demandas, mas também marcado pelo mistério suplementar de estar ela mesma aberta a uma falta, cujo sentido parece a Hans naquele momento ter alguma relação com o falo que ela não tem. É esse nível da falta-a-ser da mãe que retorna a Hans, e lhe parece insustentável.

B - O neurótico sente a aproximação de seu desejo como uma
ameaça de perda
   O sintoma neurótico visa interditar um gozo que é perigoso, porque abre diante do sujeito o abismo do seu desejo, que o ameaça com a possibilidade de que ele próprio desapareça nesse umbigo, ponto cego onde falham as representações. Assim, em conformidade com a afirmação freudiana de que o sintoma é uma solução, Lacan afirma que o sintoma se produz no ponto onde o sujeito se engancha. Lacan indica a fobia, a histeria e a neurose obsessiva como três formas de sustentar o desejo diante do desejo do Outro. Enquanto a estratégia da histeria é manter o desejo insatisfeito, a da neurose obsessiva consiste em adiar a entrada do desejo em cena.
   Com relação ao desejo histérico, Lacan faz referência um caso citado por Freud em *A interpretação dos sonhos*, e que ficou conhecido como "bela açougueira". A paciente deseja comer caviar, mas ela não quer, precisamente, que seu marido lhe dê o caviar. É preciso que esse desejo se mantenha insatisfeito. A operação histérica consiste em fazer obstáculo ao gozo, como uma maneira de continuar desejando. Assim, a histérica ocupa o lugar do significante fóbico, na medida em que é, ela mesma, o obstáculo em questão.
   A estratégia do obsessivo consiste em nunca estar verdadeiramente onde alguma coisa de seu desejo está em jogo. O engajamento em seu verdadeiro desejo é sempre adiado para amanhã, e é desse desaparecimento do sujeito na aproximação do desejo que ele faz sua arma e seu esconderijo. Ou seja, ele se serve dessa estrutura para estar em outro lugar, e assim se esquiva do perigo de desaparecer diante do desejo. Ao mesmo tempo, é esta a forma que ele encontra para se manter desejante.
   Em todos os casos, conforme indica Lacan, o apelo do sujeito é por algo que se apresente numa posição terceira em relação ao desejo, fazendo com que seja possível a sua sustentação.

Autores citados

Freud, S. (1996). A interpretação dos sonhos. Em: *Edição standard brasileira das obras psicológicas completas*. (Vol. V). Rio de Janeiro: Imago. (Trabalho original publicado em 1900-01).

Freud, S. (2006). O inconsciente. *Obras psicológicas de Freud, escritos so-*

bre a psicologia do inconsciente. (Vol. 2). Rio de Janeiro: Imago. (Trabalho original publicado em 1915).

Referências na obra de Lacan

Lacan, J. (1995). *O Seminário, Livro 4: A relação de objeto.* Rio de Janeiro: Jorge Zahar. (Trabalho original escrito em 1956-57.)

Lacan, J. (1999). *O Seminário, Livro 5: As formações do inconsciente.* Rio de Janeiro: Jorge Zahar. (Trabalho original escrito em 1957-58.)

Referências de pesquisa

Freud, S. (1996). Projeto para uma psicologia científica. Em: *Edição standard brasileira das obras psicológicas completas.* (Vol. I). Rio de Janeiro: Imago. (Trabalho original publicado em 1895).

Tema 3 - O falo e a lei

Patrícia Paterson

O falo não é um órgão pura e simplesmente. Onde ele é órgão, é o instrumento de um gozo, mas não está integrado ao mecanismo do desejo. Para entender do que se trata esse mecanismo, é preciso tomá-lo a partir de um outro ponto de vista, a saber, o da cultura. Em *Totem e tabu*, Freud (1913/ 1996) abordou o mito do assassinato do pai primevo, que Lacan retoma aqui para pensar a função do interdito e da lei simbólica, para indicar que é sobre o desejo sexual que se edifica a ordem primordial de trocas pela qual se instaura o vivo, referente à lei da aliança e do parentesco trabalhada por Lévi-Strauss, no que a antropologia chamou de "interpsicologia humana". Sugerimos reportar aos primeiros capítulos do seminário 2, "O Eu na teoria de Freud" e "Na Técnica da Psicanálise", que mereceram exaustivo estudo de Lacan, onde podemos acompanhar em detalhes a significação fundamental do falo.

Proposições

A - O falo é o ponto-chave das funções significantes
Para sustentar seu desejo, é necessário que, a cada vez, o sujeito

faça apelo a alguma coisa que se apresenta numa posição terceira em sua relação com o desejo do Outro. O papel dessa coisa que está em questão é permitir ao sujeito simbolizar sua situação em relação ao Outro Real, isto é, manter em ato uma situação tal que ele possa nela se reconhecer e se satisfazer como sujeito. Uma vez em análise, o sujeito poderá tomar a via reflexiva, podendo dar-se conta de sua posição enquanto sujeito, de suas atitudes paradoxais, que fazem dele um neurótico com seus sintomas. Isso só torna possível porque aí intervém esse elemento que a experiência analítica nos ensina a tomar como ponto-chave das funções significantes — a saber, o falo. O sujeito precisa se situar em relação ao significante fálico para que a relação a que ele aspira, do $ diante de a, seja sustentável.

B - O significante fálico tem a função da lei na economia inconsciente

Enquanto objeto do desejo sexual, o falo é o sujeito, que, para empregar a terminologia antropológica, está submetido à lei da fecundidade, cujo significante, o pai, faz a regulação do desejo, o enodando à lei. Trata-se, aí, da dialética do desejo, que neste capítulo Lacan resume da seguinte maneira: o sujeito se apresenta enquanto falo na lei das trocas, a qual se define pelas relações fundamentais através das quais é regulada a articulação do desejo na cultura, ou seja, as ligações reais, as relações com os outros reais, a "geração real da linhagem". É sobre esse trajeto de funcionalização do sujeito enquanto falo que se interpõe o desejo. No desejo, com efeito, se exprime o ser do sujeito, no ponto de sua perda, ou seja, o sujeito falta-a-ser. E é essa falta que reencontra a função fálica a partir da qual se produz um ponto de equilíbrio, tal como abordado por Lacan no sonho de Ella Sharpe e no "ser ou não ser" de *Hamlet*, já trabalhados em capítulos anteriores. No caso de *Hamlet*, vemos entrar em jogo uma escolha típica da posição neurótica de desejo: ou bem "não ser" — não ser o falo para o Outro e desaparecer, faltar a ser —, ou bem, se ele o for, "não o ter". Nesse jogo o neurótico experimenta a aproximação de seu desejo como uma ameaça de perda, de modo que sua assunção como sujeito é assimilada ao caráter imaginário do conflito entre ter ou não ter o falo.

Autores citados

Lévi-Strauss, C. (1908). *As estruturas elementares de parentesco.*

Lacan cita esta obra para trabalhar a lei de aliança e parentesco, ou seja, a instauração da ordem simbólica mediante a proibição do incesto.

Klein, Melanie. (1996). Princípios psicológicos da análise de crianças pequenas. Em: *Amor, Culpa e Reparação e outros trabalhos, 1921–1945*. (Vol 1, 152-163). Rio de Janeiro: Imago. (Trabalho originalmente publicado em 1926).

Lacan cita o "Caso Dick", sobre um menino tratado por Melanie Klein que, através de um trenzinho de brinquedo, encena a presença e ausência/ dentro e fora, próprios às relações do desejo com o significante.

Referência de pesquisa

Freud, S. (1996). Totem e Tabu. *Edição Standard das Obras Psicológicas Completas de Sigmund Freud.* (Vol. XIII). Rio de Janeiro: Imago. (Trabalho original publicado em 1913).

XXV

O OU... OU... DO OBJETO

Leonardo Scofield

Lacan anuncia, neste capítulo, que há notavelmente algo de instrutivo nos erros, nas errâncias, e diz que os impasses e as hesitações revelam a estrutura mesma da realidade à qual se referem. Em seguida, menciona um trecho do artigo "The ego in perverse relationships" (Nacht, Diatkine & Favreau, 1956), no qual os autores afirmam não haver um conteúdo inconsciente específico nas perversões sexuais que não pudesse também ser encontrado em neuroses e psicoses. Com isso, Lacan nos adverte sobre a importância da distinção entre fantasias perversas e perversão. A perversão é evocada aqui como uma relação anormal erotizada, não tendo nenhuma relação com o objeto. Por isso, Lacan a caracteriza como uma "*vertu dormitive*", convocando uma investigação sobre a relação entre a fantasia e a perversão para situar a relação do objeto entre tê-lo ou sê-lo.

Tema 1 - Fantasia e perversão

A primeira referência lacaniana relativa à perversão e sua relação com a fantasia é ao texto de Freud "Três ensaios sobre a teoria da sexualidade". Ao afirmar que há uma tendência perversa polimorfa na sexualidade infantil, Freud descobre a estrutura da fantasia inconsciente, e a partir de então é feita uma alusão à clínica para situar o desejo e a natureza de seu objeto. Para que possamos verificar como o sujeito apreende a realidade e sua relação com o desejo, Lacan faz uma digressão teórica com referência a Glover e Klein, colocando-a à prova a partir de alguns conceitos — por exemplo, o de objeto bom e mau e sua distância do sujeito. Em seguida, tece algumas críticas com o objetivo de estabelecer um rigor conceitual entre perversão e fantasias inconscientes perversas.

Proposições

A - O desejo se situa além do nomeável, além do sujeito

Lacan se refere ao modo como o perverso demonstra sua "fantasia" tomando como metáfora "o trailer", trechos cortados de um filme que estimulam o telespectador a retornar para assisti-lo. Segundo ele, o aspecto sedutor do trailer está no fato de que os trechos exibidos estão fora da cadeia de sentido, em ruptura com o tema. O processo analítico mencionado por Lacan recoloca a fantasia no contexto, na história do sujeito, através da estrutura dramática presente em seu discurso. No entanto, é importante ressaltar que a desinserção pela qual se apresenta a fantasia perversa confirma que a posição do desejo se situa além do nomeável, além do sujeito.

B - A distância do objeto é o que sustenta o desejo

Lacan mantém seu objetivo de investigar algumas construções teóricas e deixar-se instruir pelos problemas que elas apresentam, referindo-se aos autores que iniciaram o trabalho sobre as "fases correlativas"; Abraham, Ferenczi e outros afirmaram que a uma determinada forma de libido correspondia uma estrutura específica do ego. Lacan diz que falta rigor em certos aspectos clínicos, e que há uma elaboração inapropriada na oposição entre "objeto parcial" e "objeto total".

Outra crítica feita por Lacan se refere à "*mauvaise distance mantenue à l'objet*", à má distância do objeto mantida pelo obsessivo. Sua crítica é com relação ao caráter decisivo dessa distância para o neurótico-obsessivo, como diz Maurice Bouvet, sendo que em algumas posições perversas, como no fetichismo, a distância do objeto é ainda mais evidente. Lacan extrai disso que a distância é ineliminável do desejo, é até mesmo daquilo que o mantém, que o sustenta. E se pergunta como se sustentaria o desejo caso se realizasse o mito de uma relação sem distância do objeto. Lacan também critica essa "má distância" no que diz respeito à noção de que esta deveria ser corrigida na análise por uma identificação ideal com o analista, não considerado aqui como objeto, mas como um protótipo que mantém uma relação satisfatória com o objeto.

C - O sujeito se manifesta como ser através do discurso

Lacan se refere a Edward Glover pelo "mérito de ter se esforçado para arrolar as noções e os conceitos que utilizamos". E sugere um de seus muitos artigos, publicado *no International Journal of Psychoanalysis* sob o título "The relation of perversion-formation to the development of reality-sense" [A relação da formação da perversão com o desenvolvimento do senso de realidade] (Lacan, 1958-59/ 2016, p. 387). Lacan evoca suas elaborações cronológicas sobre as neuroses e psicoses na tentativa de localizar em que momento se inscrevem as perversões e a qual modo de relação entre o sujeito e o real elas correspondem.

Glover e Klein convergem em alguns aspectos, como, por exemplo, sobre a projeção e introjeção como mecanismos de apreensão da realidade, e têm a noção de fantasia como função de organização da realidade pelo sujeito. Lacan faz referência à teorização kleiniana sobre os objetos fóbicos e sobre o que chama de "contrafóbicos", como testemunhos de uma visão unilateral de conquista da realidade.

O ensinamento de Lacan propõe algo que não se restringe ao experimental, como a fobia deduzida e instaurada a partir de um medo. Por exemplo, Lacan propõe que se permita a função significante como condição para se deduzir uma fobia. Isso não se daria apenas pela relação do sujeito com seu meio ou com alguma realidade, a não ser a realidade da dimensão da linguagem, ressaltando o fato de que o sujeito se manifesta como ser através do discurso.

Tema 2 - O objeto kleiniano

Lacan retoma a dialética kleiniana em suas fases paranoide e depressiva, nas quais se distinguem os objetos bons e maus através de projetação ou introjeção. Ele chama a atenção para o fato de que o objeto assim constituído apresenta uma função de oposição significante, para além do adjetivo a ele atribuído. Em reflexões sobre a distinção didática entre introjeção e projeção, Lacan evidencia a importância da constituição do sujeito em relação ao Outro referindo-se ao "estádio do espelho" (Lacan, 1949/ 1966). Além disso, evoca o mito edípico para retomar a relação do sujeito com o desejo e a demanda, tendo ou sendo o objeto.

Proposições

A - A dialética kleiniana aponta para a função do significante
Lacan evoca as fases descritas por Melanie Klein como paranoides e depressivas, nas quais, respectivamente, se introjetam os

bons objetos e se rejeitam os maus. A partir disso, no entanto, ele evidencia o caráter transicional de um só objeto: a mãe. O objeto em si assume aí uma função de "oposição significante"; para além do caráter bom ou mau do objeto kleiniano no processo de apreensão da realidade pelo sujeito, o que vale ressaltar é a função significante que ele assume.

B - O mau objeto interno instaura a dialética entre ter ou ser o objeto
A introjeção dos objetos bons e a rejeição dos ruins determinam a estruturação do sujeito, segundo Melanie Klein. Mas, para que haja essa relação, Lacan adverte: é imprescindível que o sujeito se considere como um "todo" em sua dimensão de dentro e fora. Tal consideração só se efetiva após o estádio do espelho, no qual o sujeito se constitui como unidade a partir da imagem do Outro, e, notavelmente, de suas insígnias.
Além disso, a dialética kleiniana apresenta o "objeto problemático", ou melhor, o "mau objeto interno", aquele situado entre o que transborda de suas primeiras identificações com a mãe e o i(a). A questão se instaura a partir da introjeção de um objeto mau, considerando que os objetos bons seriam introjetados e os maus rejeitados. Lacan se serve de uma homofonia da língua francesa para evidenciar a questão: enquanto o sujeito "*est*" [é] identificado ao objeto, é defendido que ele o "*ait*" [tenha] — a pronúncia do verbo ser [*être*] na terceira pessoa do singular no presente, "*est*", é a mesma terceira pessoa do singular do verbo ter [*avoir*] no subjuntivo, "*ait*" [tenha]. Introduz-se, assim, a questão crucial do sujeito entre ser ou ter o objeto.

C - Um objeto não pode ser situado na relação com a demanda
Lacan evoca o caso clínico de uma criança inibida apresentado por Melanie Klein em "A importância da formação de símbolos no desenvolvimento do ego", se referindo ao fato de que a criança responde à tentativa de contato de Klein por uma demanda: "Será que a babá já vem?" Klein diz em seu texto que a criança retoma contato com objetos dos quais estava separada, entre eles uma tesoura que usa para cortar em pedacinhos um pedaço de carvão num trem de brinquedo. Lacan chama a atenção para o fato de que a partir deste pedaço destacado da cadeia significante se estabelece a relação do sujeito com o objeto, e não a partir da demanda estabelecida com a questão sobre a possível chegada da babá. Lacan afirma que o objeto não é situado com relação à demanda.

Tema 3 - Desejo e demanda

Lacan segue sua investigação a partir dos relatos clínicos de Klein, para situar os equívocos do termo "realidade" em sua relação com o desejo. Para ilustrar essa disjunção, Lacan se refere ao complexo de Édipo na mulher, evidenciando que não se trata da satisfação de uma necessidade, nem de uma demanda, mas de um desejo que se manifesta entre ter ou ser o falo. A partir de então, Lacan esclarece com mais rigor a distinção entre as fantasias perversas e a perversão, e destaca o lugar do objeto de desejo a partir da metáfora paterna, que interdita o ser e o ter o falo impondo a disjunção — o "ou... ou..." que intitula este capítulo.

Proposições

A - Toda experiência se sustenta na dimensão do desejo
Lacan se pergunta o que querem os sujeitos que buscam uma análise. Seria uma satisfação, ou um bem-estar, ainda que um não implique necessariamente o outro? Certamente não seria pela redução dos seus desejos às suas necessidades. Nas coordenadas da demanda do sujeito, o que se encontra é que ele não confia em seu desejo, não o sustenta, como afirma Lacan. Com referência a Freud, no que concerne ao o complexo de Édipo na mulher, Lacan diz que ela não entra no Édipo pela via da demanda de uma satisfação, a de ter o que ela não tem — a saber, o falo. Ante o paradoxo de satisfazer uma demanda ou sustentar o desejo face ao que não se tem, Lacan declara que toda a nossa experiência, seja como analista ou como analisante, se sustenta na dimensão do desejo.

B - A fantasia inconsciente de uma mulher é similar à de um perverso em sua relação com o objeto fálico
Ainda com referência à demanda da mulher para ter o falo, Lacan afirma que ela está numa posição privilegiada, pois poderá tê-lo no homem enquanto significante. Ele insiste, enquanto significante: "Ela o terá sempre a menos, num certo momento de sua experiência". Ela sempre o terá enquanto separado dela mesma, uma dimensão importante do objeto fálico enquanto significante na relação com o desejo. Isso instaura a dialética segundo a qual, no nível inconsciente, o falo que a mulher não tem ela o é simbolicamente, enquanto for o objeto do desejo do Outro, resultando na fórmula paradoxal segundo a qual às vezes ela o é, e noutras ela o tem. Em seu mundo fantasmático, a "mulher ideal" tanto

tem como é o falo, o que resulta em uma similaridade entre sua fórmula inconsciente e a de um perverso.

Apesar de sua fantasia inconsciente, a mulher faz equivaler ao estatuto de objetos fálicos todos os objetos que dela se separam. Por exemplo, seus filhos, que se tornam objetos de desejo. Este é um dos aspectos que explicariam a menor frequência de estruturas perversas nas mulheres que experimentam o desprendimento dos objetos no real de seus corpos.

C - A função fálica impõe ao sujeito uma dissociação na qual ou ele não é o objeto, ou não o tem

Lacan continua sua explanação da relação entre a mulher e o objeto fálico para demonstrar a função fálica na ordenação ao nível do objeto, e retoma sinteticamente o grafo relativo à demanda para evidenciar que, da relação entre o $ e o A se produz como resto o objeto *a*, objeto de desejo irredutível e não demandável. A mulher que se faz objeto de amor do Outro atribui grande importância àquilo que nela faz questão das declarações de seu parceiro. Enquanto signo do pequeno *a*, uma mulher atribui a si o valor de prova de que o Outro, seu parceiro, se endereça a ela. Assim, torna-se clara a diferença entre amor e desejo, este tomado em sua relação com o ser, enquanto o amor se relaciona ao ter.

Essa digressão permite a Lacan evidenciar a função fálica na qual a metáfora paterna instaura no objeto uma dissociação que valida a interdição: "Ou o sujeito não o é, ou o sujeito não o tem". Se o sujeito é o falo, ou melhor, o objeto de desejo materno, pela lei do incesto ele está proibido de tê-lo, ou seja, de desfrutar da mãe. Por outro lado, o fato de ele ter o falo quer dizer que deixou de ser o falo da mãe, tendo realizado a identificação paterna.

O neurótico se serve dessa alternância por uma metonímia regressiva: primeiro ele não o é, depois ele não o tem. O sujeito não tem o falo para se afirmar e, de forma inconsciente, sê-lo. O Outro o tem enquanto ele inconscientemente o é. Enfim, ou o sujeito o tem, ou o sujeito o é.

Autores citados

Abraham, K. (1966). Examen de l'étape prégénitale la plus précoce du développement de la libido. Em: *Œuvres complètes*. (Tome II). Paris: Payot. (Trabalho original publicado em 1916).

Bouvet, M. (1985). Les variations de la technique (distance et variations). Em: *Œuvres psychanalytiques*. (Vol. 1, 251-293). Paris: Payot.

Ferenczi, S. (1990). Esquisse d'une histoire du développement de la libido basée sur la psychanalyse des troubles mentaux. Em: *Œuvres complètes*. (Tome III). Paris: Payot. (Trabalho original publicado em 1924).

Ferenczi, S. (1990). Thalassa, essai sur la théorie de génialité. Em: *Œuvres complètes*. (Tome III). Paris: Payot. (Trabalho original publicado em 1924).

Freud, S. (1996). Três ensaios sobre a teoria da sexualidade. Em: *Edição standard brasileira das obras psicológicas completas*. (Vol. VII). Rio de Janeiro: Imago. (Trabalho original publicado em 1905).

Klein, M. (1996). A importância da formação de símbolos no desenvolvimento do ego. Em: *Amor, culpa e reparação e outros trabalhos (1921-1945)*. (249-264). Rio de Janeiro: Imago. (Trabalho original publicado em 1930).

Klein, M. (1996). Uma contribuição à psicogênese dos estados maníaco-depressivos. Em: *Obras completas*. Rio de Janeiro: Imago. (Trabalho original publicado em 1935).

Nacht, S., Diatkine, R. & Favreau, J. (1956). The Ego in Perverse Relationship. Em: *International Journal of Psychoanalysis*. (Vol. 37, 404-413).

Referências na obra de Lacan

Lacan, J. (1966). O estádio do espelho como formador da função do eu. Em: *Escritos*. Rio de Janeiro: Jorge Zahar. (Conferência original proferida em 1949).

XXVI
A FUNÇÃO DO *SPLITTING* NA PERVERSÃO

Aline Bemfica

> *O trieb implica em si o advento do significante.*
> Jacques Lacan

James Mason, Sue Lyon e Shelley Winters em "Lolita",
filme de Stanley Kubrick, 1962.

Ao percorrer a literatura de Vladimir Nabokov e André Gide, Jacques Lacan demonstra as diferentes respostas do sujeito confrontado à castração e o caráter decepcionante do desejo humano. Seu interesse pela distinção entre o desejo perverso e a estrutura perversa encontrou suporte no célebre ensaio freudiano intitulado "Três ensaios sobre a teoria da sexualidade" (Freud, 1905/ 1996). A partir da distinção entre pulsão e instinto, e das reflexões sobre o lugar do desejo na economia psíquica, Lacan traz importantes contribuições para a elucidação da formulação freudiana segundo a qual "a neurose é, assim, o negativo da perversão" (Freud, 1905/ 1996, p. 157).

A partir da distinção entre pulsão e instinto, Jacques Lacan confere peso ao conceito de pulsão parcial, apresentando os modos de o sujeito se relacionar com a castração. A constância da força pulsional e o circuito da satisfação parcial possibilitam a distinção entre as naturezas da pulsão e do instinto. O instinto tem em seu horizonte um objeto a ser alcançado, um objeto cujo estatuto é o da necessidade. Já no campo pulsional, o objeto é o que menos importa, pois seu valor pulsional — em termos de satisfação — não diz respeito ao objeto, mas sim ao próprio circuito da pulsão em direção ao seu objetivo, que é a satisfação. Ao final deste capítulo, Lacan apresenta a potência do processo de sublimação a partir da reconversão do impasse do desejo na materialidade significante, tema que será trabalhado no capítulo seguinte.

Tema 1 - O caráter decepcionante do desejo humano

Em 1905, no curioso tópico destinado às "aberrações sexuais", Freud estabelece a definição das pulsões parciais, instaurando a ideia de desvio na dinâmica pulsional. A divisão do sujeito lacaniano, seja na neurose ou na perversão, é articulada ao lugar ocupado pelos objetos parciais freudianos em sua relação com o desejo.

Tendo em vista a natureza parcial das pulsões e suas combinações diversas, o acesso ao pretenso objeto da satisfação torna-se problemático. Ou seja, devido à parcialidade das pulsões, a sonhada maturação genital, diferentemente do campo dos instintos, nunca é alcançada, pois apenas no campo instintivo o objeto poderá ser cooptado mediante uma ação específica. Contrariamente, no campo pulsional, a fantasia fundada na articulação entre o sujeito dividido e o objeto parcial sustenta o sujeito como desejante. O sujeito está presente na fantasia como sujeito do discurso inconsciente, representado pela função do corte, função essencial do discurso que sempre escapa ao sujeito.

Proposições

A - A estrutura do desejo na neurose é de natureza diversa da estrutura do desejo na perversão
Lolita (1955), romance de Vladimir Nabokov, retrata uma rela-

ção amorosa sexual passional entre uma pré-adolescente e um homem mais velho. A leitura lacaniana dessa narrativa introduz a problemática da mola do desejo em dois tempos: o desejo como fulgurante, como cintilação; e, na vertente degradada, como realidade em escombros. Essa estrutura do desejo em dois tempos demonstra a relação entre o sujeito e sua fantasia na neurose. Entretanto, a partir dessa mesma obra, e da dinâmica do desejo aí apresentada, Lacan acrescenta que lá onde o sujeito realmente acede ao objeto, no tempo dessa extrapolação, se realiza a estrutura perversa.

A radicalidade da posição perversa articulada ao desejo é interpretada a partir da regressão pulsional, que situa o sujeito dividido no nível do discurso, na produção de um *"trait singulier"*, no interior mesmo da fantasmática denominada "masoquismo", a partir de Freud.

B - A passividade está implícita na raiz de toda simbolização

Lacan apresenta os tratados do gozo na relação entre o sujeito e o discurso do Outro retomando as conceituações freudianas formuladas em 1920, e introduz uma extrapolação em sua leitura do pulsional, tal como situado no grafo do desejo: o masoquismo está associado a um modo de satisfação pulsional próprio à condição da posição passiva do sujeito no discurso. Trata-se de um masoquismo estrutural, próprio à constituição do sujeito. Essa dimensão da passividade está, portanto, implícita na raiz de toda simbolização, pois o sujeito se apreende como corte em alguma parte do discurso, sofrendo, portanto, o efeito de uma pontuação sobre seu ser.

Tema 2 - A exclusão fundamental do sujeito e os arrimos do ser

A dimensão essencial do gozo masoquista consiste na passividade experimentada pelo sujeito face ao outro que decide seu destino. Mas, além do registro do comportamento dito masoquista, o que está em questão é a posição do sujeito no discurso e em relação ao desejo do Outro. As referências à identificação primitiva com o falo da mãe e com a imagem simbólica — i(a) — são os elementos clínicos fundamentais na abordagem do desejo na neurose e na perversão, nesse momento do ensino de Lacan.

Proposições

A - Nunca há senão um único falo no jogo do desejo

A metaforização do Nome-do-Pai promove a metonímia do desejo e se articula à falta-a-ser do sujeito. Tal como se apresenta na definição lacaniana do desejo, o desejo é a metonímia da falta-a-ser (Lacan, 1958/ 1998). A partir da barra sobre o gozo materno instaura-se a metonímia da castração, correlata à impossibilidade de o falo ser o que funda a condição da posição desejante no sujeito. O indivíduo neurótico se utiliza de diversas artimanhas para se manter alhures nesse encontro com o desejo do Outro, ocupado que está em servir ao grande mestre. É preciso, portanto, que Deus esteja morto para que o desejo do neurótico possa despontar.

B - O perverso se identifica com a forma imaginária do falo

Como é vivida a castração na estrutura do desejo perverso? A perversão introduz a face real do desejo? Extraídos das considerações lacanianas, tais questionamentos conduzem ao confronto de ideias com a abordagem de M. Gillespie a propósito do "fantasma de um fetichista", confronto pautado na rubrica da mãe freudiana e da mãe kleiniana. O "fantasma da vulva", o "objeto mau" e o sexo feminino como paradigma do desejo na perversão se articulam à condição vivida pelo sujeito perverso como falo imaginário da mãe.

Tema 3 - O amor idealizado, a potência materna e os gozos de cada sujeito

A potência do amor materno idealizado é enfatizada a partir da obra de André Gide e da homossexualidade, ênfase também dada por Lacan ao revisitar a "jovem homossexual" freudiana (Freud, 1920/ 1969). Nos dois casos, na literatura e no caso clínico, Lacan encontrará o mesmo elemento clínico, "deixar-se cair", que corresponde ao lugar do falo imaginário. Esse amor idealizado, elevado à última potência, apresenta a radicalidade da relação devoradora com a mãe. A essa relação respondem as errâncias do sujeito no campo pulsional e os gozos singulares de cada sujeito.

Proposições

A - A estrutura do sujeito perverso permanece no coração da identificação primitiva

A referência de Lacan à literatura de Gide enfatiza o fantasma da mãe devoradora como provocadora dos gozos mais primitivos, extraindo-se o seguinte axioma: na perversão, o sujeito se identifica com o falo apreendido como objeto interno à mãe. Esse axioma encontra ressonância na articulação freudiana entre a fixação pela mãe e o narcisismo (Freud, 1905/ 1996). A rubrica lacaniana parece seguir os passos de Freud, demonstrando a dimensão potente do gozo materno a partir da referência à perversão, à homossexualidade e à mulher.

B - *Na neurose, o desejo do outro coloca o sujeito em risco*

O neurótico encontra-se perdido nos labirintos do desejo. A ironia lacaniana apresenta o neurótico com as malas prontas para uma viagem sempre postergada, tal como um indivíduo pronto para partir, sem, entretanto, dar um passo, a não ser para pisar em falso, aprisionado que está em seu horror face ao desejo do Outro. Entretanto, a substituição do falo imaginário pela função simbólica do falo permite uma vacilação face ao gozo obsceno da mãe, em sua potência devoradora.

Autores citados

Delay, J. (1956). *La jeunesse d'André Gide*. Paris: Gallimard.

Freud, S. (1996). Três ensaios sobre a teoria da sexualidade. Em: *Edição standard brasileira das obras psicológicas completas*. (Vol. VII). Rio de Janeiro: Imago. (Trabalho original publicado em 1905).

Freud, S. (1976). A divisão do ego no processo de defesa. Em: *Edição standard brasileira das obras psicológicas completas*. (Vol. XXIII). Rio de Janeiro: Imago. (Trabalho original publicado em 1938).

Gide, André. (1954). *Si le grain ne meurt*. Paris: Gallimard.

Gillespie, W. H. (1940). A Contribution of the Study of Fetishism. Em: *International Journal of Psychoanalysis*. (Vol. XXI, n. 21, 401-415).

Gillespie, W. H. (1952). Notes on the analysis of sexual perversions. Em: *International Journal of Psychoanalysis*. (N. 33, 397-402).

Klein, M. (1996). Uma contribuição à psicogênese dos estados maníaco-depressivos. Em: *Obras completas*. Rio de Janeiro: Imago. (Trabalho original publicado em 1935).

Nabokov, V. (1994). *Lolita*. São Paulo: Companhia das Letras. (Trabalho original publicado em 1955).

Referências na obra de Lacan

Lacan, J. (1998). A direção do tratamento e os princípios de seu poder. Em: *Escritos*. Rio de Janeiro: Jorge Zahar. (Trabalho original escrito em 1958).

Referências de pesquisa

Freud, S. (1969). As pulsões e suas vicissitudes. Em: *Edição standard brasileira das obras psicológicas completas*. (Vol. XIV). Rio de Janeiro: Imago. (Trabalho original publicado em 1915).

Freud, S. (1969). Além do princípio de prazer. Em: *Edição standard brasileira das obras psicológicas completas*. (Vol. XVIII). Rio de Janeiro: Imago. (Trabalho original publicado em 1920).

Conclusão e abertura

XXVII
RUMO À SUBLIMAÇÃO

Mirta Zbrun

No capítulo "Vers la sublimation", Lacan procura, à guisa de conclusão, elucidar e precisar os pontos cardeais em relação aos pontos que situam a "função do desejo", destacando a crítica da suposta realidade, a defesa da dimensão do desejo, a posição do real, a redução da pulsão ao significante e, finalmente, o valor da perversão. São esses também os pontos assinalados por J.-A. Miller a título de chamada para a leitura dessa aula final, no dia 1° de julho de 1959. Lacan se interessará pela estrutura do sujeito da cadeia significante e pela forma como o objeto vem adquirir seu estatuto real, cuja noção será, a partir de agora, de um objeto real, o real como o que resiste à demanda — "o inexorável", completa Lacan.

Tema 1 - Crítica da relação do objeto

Lacan considera que nesse momento a clínica está dominada pela "relação de objeto", e que essa rubrica da investigação se liga à experiência freudiana a tal ponto que a chamada relação de objeto domina "toda concepção que se faz do progresso da analise". Observa-se, dessa forma, um giro na orientação do seminário, quando Lacan faz sua crítica à "teoria das relações de objeto" e postula que o objeto não está enraizado no imaginário, mas, ao contrário, é um "objeto real". E constata que a análise nesses casos parece se orientar para uma "normatização moralizante".

Seja o seio no desmame como objeto de corte, seja o excremento expulso, o objeto será sempre um objeto recortado do corpo, afirma Lacan, que ainda acrescenta a voz e o olhar como objetos parciais, que compartilham esse caráter de objeto real. Já os objetos pré-genitais são abandonados ao sabor da pulsão, a *Trieb* freudiana, considerada essencialmente como um significante. Desta maneira, a pulsão adquire a estrutura da cadeia significante. Nessa nova concepção, os objetos pré-genitais são objetos da fantasia e estão intimamente relacionados com a pulsão.

Proposições

A - A relação de objeto não se situa em relação ao objeto senão no nível do desejo, através da fantasia

Quando diz que o desejo implica uma relação com o objeto intermediada pela fantasia, Lacan faz crítica aos pós-freudianos, esclarecendo ainda que é possível "interpretar a fantasia", pois ela mesma é a interpretação do desejo. Isso acontece se partirmos da diacronia do desejo, considerando, ao mesmo tempo, a sincronia marcada por um ponto de basta, ou um ponto de estofo — a saber, quando um significante único e singular vem dar sentido e significação [*Bedeutung*] à cadeia significante. Desse modo, ficaria demonstrado o valor da fórmula (da pulsão) que aparece no nível superior do grafo do desejo — $ \$ \lozenge D $, o sujeito dividido em relação de conjunção e disjunção com referência à sua demanda (D) inconsciente.

B - A cultura instaura uma dialética que abre a fenda onde se situará a função do desejo

Lacan descreve a fantasia perversa que se realiza no ato do exibicionista, por exemplo, no *voyeur*, e compara essa fantasia perversa à fantasia do neurótico. Lacan retoma momentos importantes do início de seu ensino, para trabalhar questões da divisão subjetiva na demanda, para se conduzir ao exame da fórmula da fantasia, visando o desejo.

Tema 2 - A sublimação está situada no nível do sujeito lógico

No final do seminário 6, vemos que a sublimação é situada por Lacan no nível do sujeito lógico, onde se desenvolve tudo o que se compreende como fazer criativo, justamente na ordem do *logos*. Tais criações são inseridas na sociedade e encontram seu lugar no plano social, com todas as questões e todos os riscos que envolvem, inclusive a reorganização dos conformismos previamente estabelecidos, conforme assinala Lacan.

Proposições

A - A perversão reflete no sujeito lógico o "protesto" contra aquilo que ele ($) padece em nível de identificação

A perversão como "protesto" é a resposta contra aquilo que o sujeito acredita ser na identificação, enquanto a identificação é a relação que estabelece e classifica as regras de um circuito de rotação.

Por um lado, há o conformismo, ou as formas sociais de conformidade da chamada atividade cultural, para definir tudo o que se intercambia na cultura e se aliena na sociedade; por outro, há a estrutura da perversão, que representa o "protesto" no nível do sujeito lógico, protesto este que se eleva à dimensão do desejo, pois "o desejo é a relação do sujeito com seu ser".

B - Com a condição de que não seja mecânico, o "corte" é o modo mais eficaz de interpretação

Assim como a fantasia ($ ◊ a) fazia a ligação entre os registros do simbólico e do imaginário no início deste seminário, o corte faz a união entre o simbólico e a coisa real, trazendo ainda a "presença do significante do desejo". Lacan chega, assim, à sua máxima elaboração sobre o desejo e sua interpretação. Vemos que ele termina o seminário 6 posicionando o Eu [*Je*] inconsciente no nível do gozo.

C - Na nova clínica, o desejo do analista está enraizado na ética da psicanálise

"O desejo [*cupiditas*] é a essência mesma do homem": citando Spinoza e sua *Ética*, Lacan anuncia no final de seu seminário uma ética da psicanálise que tem como ponto de partida o real, uma ética que assume o laço entre fantasia e pulsão como condição para que a instância do gozo apareça em seu ensino posterior, pois o desejo, em sua qualidade de desejo do desejo, está aberto ao corte — a saber, aberto ao ser puro representado por Lacan em seu matema A, o Outro em falta. Assim, o sujeito na análise não pode senão se confrontar com o desejo do analista, considerando que o analista se oferece como suporte de todas as demandas, porém não responde a nenhuma.

Finalmente, Lacan toma a si o encargo de dizer que a análise não é uma reconstituição do passado — um *epos* — mas sim um *ethos* — um caráter, uma moral.

Autores citados

Ernest Kris, "O caso do homem dos miolos frescos", citado por Lacan em "Função e campo da fala e da linguagem em psicanálise", em *Escritos* (Rio de Janeiro: Jorge Zahar, 1998).

Freud, S. (1981). Neurosis y psicosis. Em: *Obras completas.* (Tomo III). Madrid: Biblioteca Nueva. (Trabalho original publicado em 1923).

Glover, E. G. (out. 1933). The Relation of Perversion-Formation to the Development of Reality-Sense. Em: *International Journal of Psycho-analysis.* (Vol. XIV, 486).

Klein, M. (1996). Uma contribuição à psicogênese dos estados maníaco-depressivos. Em: *Obras completas.* Rio de Janeiro: Imago. (Trabalho original publicado em 1935).

Melanie Klein nasceu em Viena em 1882 e morreu em Londres em 1960.

Spinoza, B. (1980). *Ética.* Rio de Janeiro: Tecnoprint. (Trabalho original publicado em 1677).

Baruch de Spinoza, ou Benedictus de Spinoza nasceu em Amsterdam em 1632, em uma abastada família de judeus portugueses, e morreu em Haia em 1677. Recusou o dote de mil florins vindo de seu pai, importante funcionário da sinagoga local, para ficar a cargo da sinagoga, e por isso foi expulso. Assim, viveu e morreu com gente modesta que o hospedou, tendo dedicado sua vida à meditação e a escrever sua obra.

Toulet, P.-J. (1910-14). *Les contrerimes.*

Jean-Paul Toulet, poeta, nasceu em Pau (Basses-Pyrénées) em 1867 e morreu em 1920.

Viardot, D. (1956). *Ripopée.* Bruxelas: Éd. Phantômas.

Referências na obra de Lacan

Lacan, J. (1998). Função e campo da fala e da linguagem em psicanálise. Em: *Escritos.* Rio de Janeiro: Jorge Zahar. (Trabalho original escrito em 1953).

Lacan, J. (1998). De uma questão preliminar a todo tratamento possível das psicoses. Em: *Escritos*. Rio de Janeiro: Jorge Zahar. (Trabalho original escrito em 1955-56).[3]

Lacan, J. (1998). A direção da cura e os princípios de seu poder. Em: *Escritos*. Rio de Janeiro: Jorge Zahar. (Trabalho original escrito em 1958).

3 Uma referência aos comentários de Lacan a respeito da análise do Presidente Schreber, realizada por Freud.

www.ingramcontent.com/pod-product-compliance
Lightning Source LLC
Chambersburg PA
CBHW021617270326
41931CB00008B/740